KB124196

사이다 보이스

사이다 보이스

초판인쇄일 2021. 11. 15.
초판발행일 2021. 11. 20.
공저자 황준호, 김재영, 구영모
펴낸이 박 용
펴낸곳 (주)박문각출판
표지디자인 박문각 디자인팀
일러스트 김기환
등록 2015년 4월 29일 제2015-000104호
주소 06654 서울특별시 서초구 효령로 283 서경빌딩
전화 02. 6466. 7202
홈페이지 www.pmg.co.kr

ISBN 979-11-6704-387-0
979-11-6704-384-9(세트)

정가 13,000원

저자와의 협의하에 인지생략

사이다 보이스

PMG 박문각

Preface

“내용만 잘 답변해도 합격할 수 있을 줄 알았어요.”

지난 2021년 임용 1차 필기시험 사흘 전, 한 수험생이 임용 면접 보이스 트레이닝 상담을 신청했습니다. 필기시험 직후 당일에 바로 상담을 진행하고 싶다는 것이었는데요. 막바지 필기시험 준비에 사력을 다해야 할 시간에 목소리 교정 문의를 한 것이라 무언가 특별한 사정이 있을 것이라는 짐작만 할 뿐이었죠.

사흘 후, 필기시험을 치르고 직접 만났을 때 수험생은 앉자마자 이런 고민을 털어놓았습니다. “임용 2차만 벌써 세 번이나 떨어져서 수험생의 삶도 벌써 4년째예요. 평소에도 좀 웅얼거린다는 피드백을 받기는 했는데, 이번 임용 2차 시험에서는 너무 긴장한 나머지 목소리가 안 나온 건 물론이고, 목소리 떨림도 너무 심해서 모든 걸 망쳤습니다. 내용 구성은 누구보다 자신 있었는데, 내용만 잘 답변해도 합격할 수 있을 줄 알았어요.”

사이다 보이스

'무엇'에만 집중하고 있지는 않나요?

수험생 대부분은 임용 2차 대비를 위해 전공, 교육학, 시·도 교육청의 교육정책까지 시험에 필요한 '내용'을 공부하는 데 많은 시간을 할애합니다. 즉, '무엇'을 말할 지에만 초점을 맞추고 있죠. 물론, 내용이 확실하게 준비되어 있어야 어떤 질문이 나와도 자신감 있게 답변할 수 있으니 면접 전까지 계속 면접 내용을 공부해야 하는 것은 맞습니다.

하지만 스터디나 모의평가를 하면서 다른 수험생들의 답변을 듣다 보면, 한 가지 의문이 생깁니다. "몇몇을 제외하고는 답변 내용이 모두 비슷하네? 큰 차이가 없는데?" 이처럼 모두가 무엇을 말할 지에만 집중하다 보니, 사실상 임용 2차 시험에서 모범 답안과 완전히 동떨어진 답변을 말하지 않는 이상 수험생 간의 점수 편차는 크지 않습니다.

'어떻게'에도 관심을 두어야 한다!

기본적으로 말은 '내용, 답변 구조, 표현' 이렇게 세 가지로 나눌 수 있습니다. 앞서 말씀드린 것처럼 평가 기준에 따라 '무엇'을 말할지, 즉 답변 내용은 모두가 열심히 준비해 차이가 그리 크지 않은데요. 하지만 '어떻게' 표현하느냐의 영역에서는 수험생마다 아주 큰 편차를 보입니다. '어떻게'의 영역은 '답변 구조'와 '목소리'로 나눌 수 있는데요. 내용을 어떻게 구조화해서 말하느냐의 '답변 구조'도 수험생마다 차이가 크지만, 특히 목소리 표현은 개인의 역량 차이가 더욱 두드러집니다. 답변 내용이 아무리 좋더라도 소리가 작거나 먹어서 그리고 발음이 뭉개져서 평가위원이 잘 알아들을 수 없는 목소리로 말한다면, 좋은 점수를 받기 힘들 수 있습니다.

Preface

'목소리가 왜 중요할까?'

첫째, 여러분은 '선생님'이 될 사람들이기 때문입니다. 선생님은 학생들의 전인적 성장을 위해 헌신하는 직업이기도 하지만 '말하는 직업'이기도 한데요. 특히, 수업할 때 교과 내용을 정확히 전달하기 위해서는 분명한 음성표현이 필수입니다. 평가위원들도 말하는 직업인으로서의 선생님의 자질이 있는지를 하나의 평가 기준으로 삼고 있습니다.

둘째, 여러분이 열심히 준비한 답변을 평가위원이 제대로 평가할 수 있도록 하기 위해서입니다. 아무리 답변 내용이 좋고 풍부하더라도 전달력이 좋지 않아 여러분이 무슨 말을 하는지 평가위원이 이해할 수 없다면, 좋은 평가를 기대하기 힘들 수도 있죠. 평가위원이 여러분의 노력과 실력을 제대로 평가해주길 원한다면 목소리를 잘 표현해야 합니다.

셋째, 목소리는 듣는 사람의 감정을 좌우합니다. 평가위원들은 체계화된 채점 기준을 바탕으로 평가합니다. 하지만 그들도 결국은 감정을 가진 사람인데요. 그래서 지원자의 목소리를 통해 호감으로 평가할지, 비호감으로 평가할지를 결정하죠. 목소리에서 자신감이 느껴지거나 발음이 분명하다면 더욱 호감으로 평가하고, 앵앵거리거나 콧소리 가득한 목소리, 발음이 불분명한 목소리 등을 낸다면 비호감으로 평가합니다. 같은 실수를 하더라도 비호감으로 비춰진다면 점수가 더 많이 깎일 수도 있죠.

넷째, 목소리는 여러분 자신을 위해서도 중요합니다. 목소리가 작고 발음이 불분명하다면 평가위원은 답변을 들을 때 굉장히 집중할 수밖에 없는데요. 이때, 평가위원들의 표정이 살짝 찡그러질 가능성이 큽니다. 지원자는 평가위원의 표정을 보고 심리적으로 위축되어 횡설수설할 수 있죠. 또 자신의 발음이나 발성이 좋지 않다고 생각한다면 답변 내용 고민에 더해 목소리 고민까지, 신경 쓸 내용이 많아집니다. 그러나 면접에서 답변 내용에 대한 고민만 한다면, 면접을 더 쉽게 볼 수 있습니다.

'좋은 목소리가 아니다.'

임용 2차 대비를 위해서 목소리교정 수업을 의뢰하는 분들 가운데 이런 말을 하는 분들이 많습니다. "선생님! 저 좋은 목소리를 갖고 싶어요!" 그러면 제가 항상 이렇게 되묻습니다. "좋은 목소리가 무엇인가요?" 여러분은 어떤 목소리를 좋은 목소리라고 생각하시나요? 낮고 굵은 목소리? 아니면 밝고 살가운 목소리? 좋은 목소리의 기준은 사람마다 다릅니다.

물론 우리가 보편적으로 생각하는 좋은 목소리는 있습니다. '울림(공명)이 있는 목소리', '낮은 목소리', '발음이 정확한 목소리' 등인데요. 그런데 개인의 목소리 특성은 고려하지 않은 채 낮은 목소리가 좋다는 생각으로 무조건 낮게만 소리를 낸다면 듣는 사람이 어떤 생각을 할까요? 무언가 굉장히 어색하고 불편하다는 느낌을 받을 것입니다. 이는 듣는 사람뿐만 아니라 자기 자신도 답변하면서 어색해할 가능성이 큽니다.

임용 2차에서 필요한 목소리는 좋은 목소리가 아닌 평가위원이 분명히 알아들을 수 있는 '전달력 있는 목소리'입니다. 좋은 목소리와 같은 추상적인 정의에서 벗어나 지원자 개인의 생각, 알고 있는 지식, 그리고 감정까지 분명하게 전달할 수 있는 목소리를 임용 2차 시험에서 표현할 수 있어야 합니다. 자, 그럼 지금부터 〈사이다 보이스〉를 통해 여러분의 목소리를 전달력 있게 마음껏 표현해 보세요!

저자들을 대표하여

황준호

Contents

Contents

사이다 보이스

기본원칙

STEP 01 # 기본원칙

"아니 왜 이해를 못하지?"

여러분이 누군가를 상대로 어떤 이야기를 하는 상황이라고 합시다. 그런데 만일 상대방이 여러분의 말을 잘 이해하지 못한다면 어떤 생각이 들까요? "아니 왜 내 말에 집중하지 않는 거지?", "뭐야, 이해가 안 되나?", "이해력이 좀 떨어지나?" 등과 같이 상대방에게만 비난의 화살을 돌리는 자신을 볼 수 있을 것입니다. 그런데 혹시 여러분이 이해할 수도, 알아들을 수도 없이 소리 내고 있다는 생각은 해보셨나요?

'내가 말했으니 상대방이 잘 알아듣겠지?'라고 생각한다면 이는 큰 오산입니다. 마찬가지로 임용 2차 시험에서도 여러분이 답변하면 평가위원들이 곧바로 알아들으리라 생각하는 것은 좋지 않은데요. 따라서 평가위원이 이해할 수 있고, 알아들을 수 있도록 발음하고 소리 내야 합니다. 평가위원들이 여러분의 답변을 이해할 수 있게 소리 내려면 무엇을 지켜야 할까요?

1 목소리는 '방향'이 중요하다

"모든 글자를 앞으로, 끝모음은 두 개가 있다는 생각으로 밀어낸다."

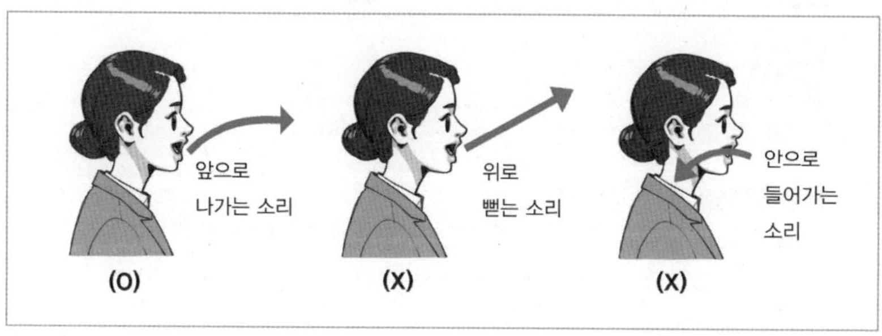

| 그림 1 |

목소리가 나가는 방향은 크게 앞으로 나가는 소리, 위로 뻗는 소리, 그리고 안으로 들어가는 소리의 세 가지 정도로 나눌 수 있습니다. 평가위원들은 보통 여러분 기준으로 어느 쪽에 위치할까요? 주로 '앞'입니다. 그래서 모든 글자를 앞으로 밀어내는 느낌으로 목소리를 내는 것이 가장 기본이죠.

대부분은 과도한 긴장으로 목에 힘이 들어가서 날카롭게 위로 뻗는 소리를 내거나, 반대로 입안에서 웅얼거리고 말끝을 흐리는 등의 안으로 들어가는 소리를 냅니다. 그러나 여러분은 평가위원들의 귀에 소리를 꽂아 주듯이 앞으로 밀어서 소리 내야 합니다.

모든 글자를 앞으로 내자

- 모든 글자를 다 소리 내자.
- 의미 단위의 끝모음은 2개가 있다는 생각으로 조금 더 밀자.

| 그림 2 |

목소리를 앞으로 밀어낼 때는 모든 글자를 앞으로 밀어내야만 면접관이 알아들을 수 있는데요. 예를 들어보겠습니다. “안녕하십니까? 관리번호 1번입니다.”라는 인사말을 할 때, “안녕하십니까?”는 총 6글자입니다. 그런데 대다수의 수험생은 “안냐심까?” 형태로 ‘녕하’는 ‘냐’로 줄여서 소리 내고, 심지어 ‘니’는 아예 소리 내지 않는 경우가 많습니다.

이처럼 인사말 같은 관용어는 글자를 축약하거나 먹어도 평가위원이 답변 내용을 이해하는 데 크게 무리가 없습니다. 다만, 교육학 개념을 언급하거나 답변의 핵심이 되는 어휘 및 내용을 설명할 때 모든 글자를 앞으로 밀어내지 않는다면, 평가위원들의 답변 이해도가 현저히 떨어질 것입니다. 그리고 뒤에서 설명하겠지만 특히 자음 ‘ㄱ’이나 받침 연음을 소리 낼 때, 글자가 빠지는 경우가 많으니 반드시 모든 글자를 다 앞으로 밀어낼 수 있도록 연습해야 합니다.

Tip 인사말은 단순히 답변 전에 의례적으로 하는 말이 아니다. 자신의 첫인상을 좌우할 수 있는 중요한 문장이다. 모든 글자를 분명하게 소리 내어 당당하고 자신감 있게 내용을 전달할 수 있도록 연습해야 한다.

의미 단위의 끝모음은 반드시 밀어내자

1) 아버지가 방에 들어가신다.
   아버지가아 / 방에 들어가신다아.

2) 구상형 1번, / 답변드리겠습니다.
   구상형 1버언, / 답변드리겠습니다아.

우리는 한 문장을 말할 때, 한 문장 전체를 통째로 말하지 않고, 중간중간 끊어 가며 나누어 말하는데요. 예를 들어, "아버지가 방에 들어가신다."라는 문장이 있다면, "아버지가방에들어가신다."와 같이 통으로 말하지 않고, "아버지가 / 방에 들어가신다."처럼 한 문장이라도 나누어서 소리를 내는 것이죠. 여기서 '아버지가', '방에 들어가신다.'와 같이 의미를 나누는 각각의 덩어리를 '의미 단위'라고 합니다.

그런데 이런 의미 단위에서 '끝 글자'가 답변 전달은 물론 지원자의 인상을 결정하는 아주 중요한 역할을 합니다. 의미 단위의 끝 글자 소리를 밀어내지 않는다면 끝 음을 먹는 자신감 없는 지원자로 평가될 확률이 높은데요. 그래서 의미 단위의 끝 글자 모음은 반드시 밀어내 줄 필요가 있습니다.

위 1) 예시문에서 첫 번째 의미 단위의 마지막 글자는 '가'이고 두 번째 의미 단위의 마지막 글자는 '다'죠? 이렇게 의미 단위의 마지막 글자인 '가'와 '다'의 모음인 '아'가 2개 있다는 생각으로 밀어내 주어야 의미 전달도 잘되고 자신감 있는 지원자로 평가받을 수 있습니다.

Tip '띄어쓰기'와 '의미 단위'를 혼동하면 안 된다. "아버지가 / 방에 / 들어가신다."와 같이 글을 쓸 때, 읽는 이의 이해를 돕기 위한 수단이 띄어쓰기이다. 그리고 "아버지가 / 방에 들어가신다."와 같이 몇몇 띄어쓰기를 붙여 하나의 의미 덩어리를 만듦으로써 듣는 이의 이해를 높이는 것이 의미 단위이다. 즉, 띄어쓰기는 글을 쓰고 읽을 때, 의미 단위는 말하고 들을 때 사용된다.

② 목소리는 '모양'이 중요하다

"목소리는 포물선을 그려 준다."

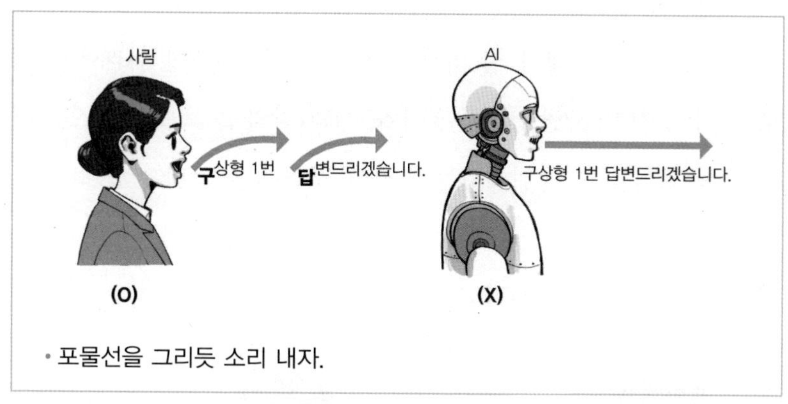

| 그림 3 |

답변 시 방향만 신경 쓴 채 소리를 앞으로 밀면, 마치 AI가 말하듯 굉장히 어색한 인상을 평가위원에게 줄 수 있습니다. 하지만 앞으로 밀어내듯이 소리를 낼 때, 어떤 모양을 그려 준다면 딱딱하고 어색한 목소리에서 탈출할 수 있는데요. 바로 '포물선' 모양을 그리면서 앞으로 밀어내는 것입니다.

평소에는 자연스럽게 소리를 내지만, 면접 같은 공식적인 자리에서는 유독 말투가 어색해져 고민하는 수험생들이 있을 것입니다. 이렇게 퍼블릭 상황에서 목소리의 표현이 어색해지는 대표적인 이유가 바로 '고저강약'이 사라지기 때문인데요. 포물선이 바로 이 '고저강약'을 모두 포함하는 목소리의 모양입니다.

포물선 모양을 그리면서 소리 내는 것이 자연스러움을 주는 또 다른 이유는 바로 포물선이 신체 특성을 잘 고려한 소리이기 때문입니다. 소리를 만들어 내는 성대는 목에 있고, 최종적으로 이 소리에 의미를 더해 말의 형태로 전달하는 입은 목보다 조금 높은 위치에 있는데요. 그래서 입 밖으로 소리를 밀어내려면 아래에서 위로 올리는 것이 자연스러운 것이죠. '고저강약'을 비롯해 자연스러운 음성 표현을 하기 위해서는 반드시 '포물선'을 그려야 합니다.

첫 글자는 아래로 쿵 치자

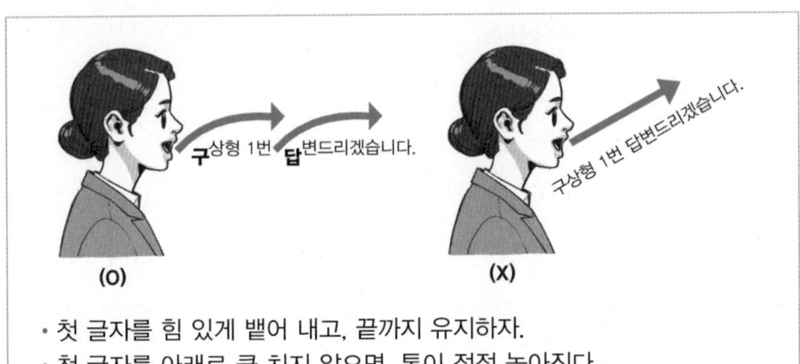

| 그림 4 |

포물선을 그릴 때, 첫 글자는 아래로 '쿵!' 치면서 시작하는 것이 중요합니다. 첫 글자부터 포물선을 그리려고 하면 답변 첫 글자의 음이 위로 올라가면서 두 번째, 세 번째 글자까지 계속해서 올라가게 돼 결국에는 톤이 굉장히 높아집니다.

목소리 톤이 높아질수록 목에 힘이 들어가므로 조이는 소리가 나는데요. 이럴 경우 평가위원이 듣기에 불편할 수 있습니다. 그래서 첫 글자를 아래로 쿵 치는 방법을 사용하면, 다음 글자가 위로 올라가더라도 많이 높아지는 것을 방지할 수 있습니다.

또 첫 글자만 힘 있게 아래로 쿵 쳐주면 두 번째, 세 번째 글자가 자연스럽게 올라가는 효과가 생기는데요. 예를 들어, 농구공을 아래로 쿵 세게 던지면 탄성으로 인해 자연스럽게 위로 튀어 오르는 것처럼 소리도 첫 글자를 아래로만 쿵 치면서 소리 내도 자연스러운 소리의 높낮이가 생기면서 어색함을 줄일 수 있습니다. 이렇게 의미 단위마다 포물선을 계속 그리면서 문장을 구사하면 힘 있고 자연스러운 느낌으로 음성 표현을 할 수 있습니다.

음이 올라갔다면 끝까지 유지하자

포물선은 위로 올라갔다가 점점 아래로 떨어지는 상승과 하강이 분명한 모양을 가지고 있습니다. 하지만 음성 훈련이 되어 있지 않은 상태에서 음을 내리게 되면 끝 글자를 먹는 인상을 줄 수 있는데요. 첫 글자를 아래로 쿵 치고 그 두 번째, 세 번째 글자까지 음이 살짝 올라가면, 그 음으로 의미 단위의 끝까지 힘을 유지하면서 소리를 내야 합니다. 끝까지 소리를 밀어내는 것이야말로 자신감 있는 목소리의 핵심입니다.

3 목소리는 '속도'가 중요하다

"모든 글자를 일정한 속도로 말한다."

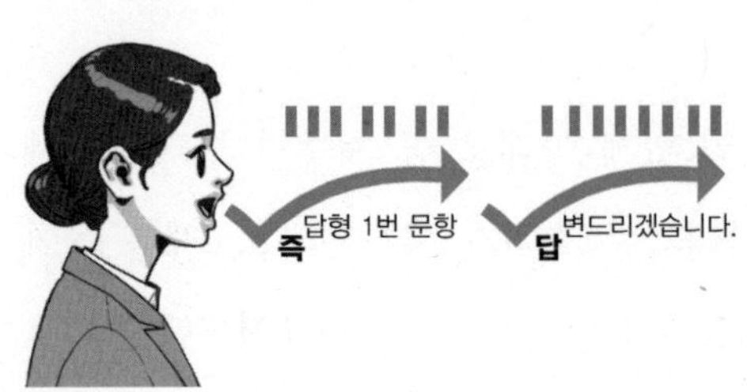

- 속도를 균일하게 하자.
- 문장의 시작, 의미 단위의 시작은 항상 1초의 쉼을 주자.

| 그림 5-1 |

말과 음식은 공통점이 있습니다. 바로 소화할 시간이 필요하다는 것인데요. 너무 빨리 후루룩 뱉어 내듯이 답변하면 평가위원이 의미를 파악하고 이해할 시간이 부족해집니다. 무엇보다 말의 속도가 지나치게 빠를 경우에는 자연스럽게 발음이 뭉개질 수밖에 없는데요.

규정 속도를 지켜서 운전하듯이 말할 때도 모든 글자를 일정한 속도로 소리 내야 합니다. 한 글자의 속도를 1이라고 가정한다면 끝까지 1의 속도를 유지하면서 말을 하는 것이죠. 답변 중 특정 부분에서 빨라지는 것만 방지해도 의미 전달에는 큰 무리가 없습니다.

Tip 모든 글자를 일정한 속도로 말하는 것을 느리게 말하는 것으로 오해하는 수험생이 많다. 빨라짐 방지를 위해 지나치게 느린 속도로 일정하게 답변하면 지루하고 늘어지는 느낌을 줄 수 있다. 모든 글자를 빨리 소리 내도 안 되지만, 느리게 소리 내는 것도 좋지 않다. 일정하게 소리 내는 것과 느리게 소리 내는 것을 구분해야 한다.

빠른 말보다 급한 말이 더 문제이다

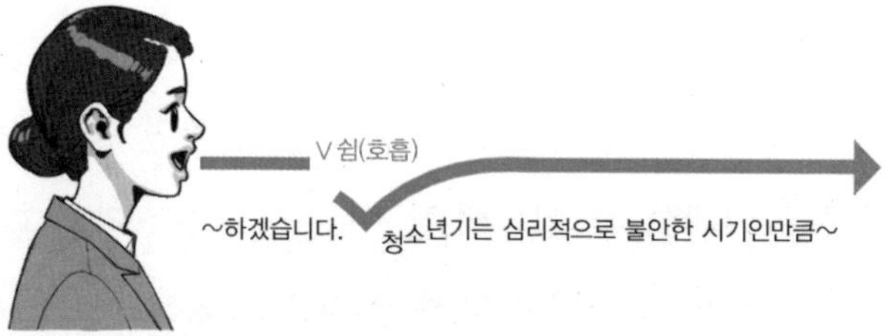

V 쉼(호흡)
~하겠습니다. 청소년기는 심리적으로 불안한 시기인만큼~

- 문장이 끝나면 반드시 호흡을 마시고 다음 문장을 시작해야 급한 느낌을 없앨 수 있다.

| 그림 5-2 |

말의 속도가 전반적으로 빠른 편은 아닌데 유독 급한 느낌을 주는 수험생들이 있습니다. 모든 글자의 속도를 빨리, 또는 후루룩 말한다면 속도만 빠르다는 인상을 주지만 문장과 문장, 의미 단위와 의미 단위 사이에 쉼을 주지 않고 말하면 평가위원에게 자칫 성격이 급한 지원자라는 인상을 심어줄 수 있는데요.

답변 시, 글자 자체를 일정한 속도로 말하는 것만큼이나 중요한 것은 문장과 문장, 의미 단위와 의미 단위 사이에 적어도 1초의 쉼을 주고, 쉴 때는 입으로 빠르게 숨을 마신 후, 다시 포물선을 그리면서 답변하는 것입니다. 호흡이 부족할 경우 톤이 높아지고 속도가 빨라지므로 반드시 숨을 마실 수 있도록 합니다.

예외적인 변화는 있다

말은 의미 단위로 나누어 일정한 속도로 모든 글자를 말하는 것이 기본입니다. 다만, 중요한 핵심 키워드나 발음하기 어려운 단어를 말해야 할 때는 의도적으로 천천히 말해 주면 평가위원의 긍정적인 평가를 기대할 수 있는데요. 이를 '느림강조'라고 합니다. 즉, 짚어 주는 느낌으로 천천히 말하는 것은 예외적으로 허용되는 것이죠. 하지만 의도적 느림을 제외하고 중간에 말 속도가 빨라지는 것은 지양해야 합니다.

❹ 목소리는 '움직임'이 중요하다

"조음기관을 부지런히 움직여 소리 낸다."

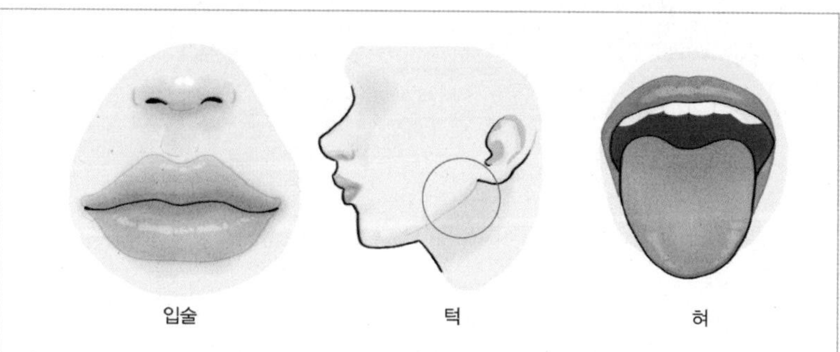

• 입술 · 턱 · 혀 등의 조음기관을 부지런히 움직여야 전달력 있는 소리를 만들 수 있다.

| 그림 6 |

목소리는 여러 조음기관의 유기적인 움직임으로 만들어집니다. 조음기관이란, 말소리를 만들어 내는 발음기관을 말하는데요. 대표적으로 입, 턱, 혀 등이 있습니다. 치아와 입천장처럼 움직일 수 없는 조음기관도 있지만, 입, 턱, 혀 등 대부분의 조음기관은 근육으로 되어 있어서 움직일 수 있는데요.

말할 때, 움직일 수 있는 조음기관을 제대로 움직이지 않는다면 정확한 소리 표현과 의미 전달이 불가능해집니다. 입과 턱을 확실히 움직이지 않으면 소리의 질적 차이가 발생하고, 혀를 움직이지 않으면 발음이 뭉개질 수 있으니 반드시 조음기관을 움직이면서 소리 내야 합니다.

턱과 혀를 내려서 입을 벌리자

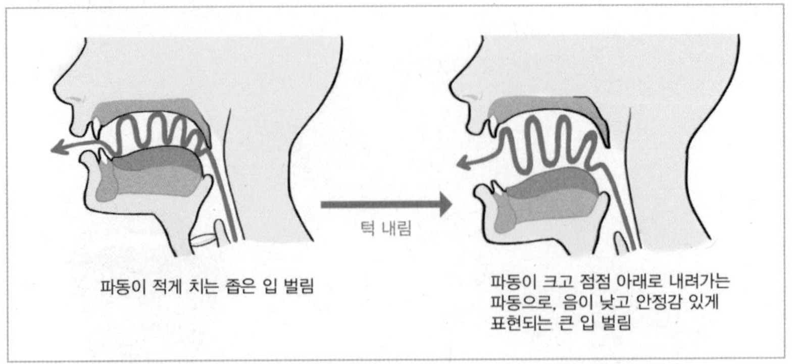

| 그림 7–1 |

입을 벌릴 때는 턱과 혀를 움직이는 것이 중요합니다. 우리가 흔히 '공명'이라고 부르는 울림은 성대의 진동으로 만들어진 소리가 입안에서 한 번 더 증폭된 결과인데요. 진동이 증폭되려면 입안의 공간이 넓어야 하죠. 하지만 평소 입을 거의 벌리지 않고 복화술하듯 말하는 습관 때문에 턱을 내리지 않고 입만 살짝 벌리는 정도로 그쳐 대다수가 공명을 만들지 못합니다. 턱을 내리면 입안의 공간이 최대가 되면서 울림 있는 목소리를 표현할 수 있습니다.

또한, 턱을 내린 채 입을 벌릴수록 안정감 있는 낮은 톤을 표현할 수 있습니다. 턱을 내려 입안의 공간이 넓어지면 소리의 파동이 아래로 더 많이 내려가기 때문인데요. 입천장은 움직일 수 없으니 파동이 높이 올라가는 범위는 입을 작게 벌리나 크게 벌리나 큰 차이가 없습니다.

하지만 턱은 충분히 내렸다 올렸다 할 수 있으므로 턱을 아래로 내리면 내릴수록 소리의 파동이 넓어져 더 낮은 음까지 표현할 수 있죠. 혀를 내리는 것도 턱을 내리는 것과 같은 효과를 낼 수 있는데요.

예를 들어보겠습니다. '이'와 '으' 소리를 연속으로 번갈아 내보죠. '이'와 '으' 소리 중 어떤 음이 더 낮게 들리나요? 아마 '으' 소리일 것입니다. '이'와 '으'의 입 모양은 같은데 한 가지 달라지는 것이 있기 때문인데요. 바로 혀의 위치입니다. '이'보다 '으'를 발음할 때 혀가 아래로 더 내려가는 것을 느낄 수 있는데요. '으' 발음 시 입 모양은 같더라도, 혀가 아래로 내려가면서 소리의 파동이 아래로 더 크게 칩니다. 그래서 소리가 더 낮게 표현되는 것이죠.

이처럼 입안 공간의 크기에 따라서 톤이 달라집니다. '이'와 '으' 소리는 물론, 다른 모음을 소리 낼 때도 턱을 내려서 입안의 공간을 넓게 해 주면 더 낮고 안정감 있는 음성을 표현할 수 있습니다. 단, 성대를 누를 정도로 과하게 턱을 많이 내리는 것은 지양해야 합니다.

혀와 입술을 부지런히 움직이자

'ㄱ, ㄴ, ㄷ, ㄹ, ㅁ' 같은 자음 발음은 혀와 입술의 움직임으로 정확도가 결정됩니다. 자음마다 발음이 만들어지는 정확한 위치가 있는데요. 자음 대부분은 소리가 만들어지는 지점인 조음점에 혀를 정확히 붙여 주어야 올바른 발음을 구사할 수 있죠. 가령 'ㅁ, ㅂ, ㅍ, ㅃ'은 입술이 서로 닿아야 정확한 발음 표현이 가능해지니 부지런히 혀와 입술을 움직여야 합니다.

예를 들어, '감각'이라는 단어의 첫 글자 '감'에 있는 'ㅁ'을 발음할 때, 입술을 서로 붙여 주지 않으면 [감각]이 아니라 [강각]으로 소리 납니다. 입술 말고 혀는 어떤 예가 있을까요? '신경'이라는 단어의 첫 글자 '신'의 받침인 'ㄴ'을 발음할 때, 혀끝을 윗니 뒤에 붙이지 않으면 [신경]이 아니라 [싱경]으로 발음됩니다.

이처럼 혀나 입술을 부지런히 움직이지 않아 해당 위치에 정확히 닿지 않은 채로 발음한다면 의미 전달이 모호해집니다. 구조적·기능적인 문제가 없다면, 발음이 좋지 않은 이유의 거의 100%가 혀와 입술의 움직임이 게으르기 때문인데요. 각 자음의 형성 원리를 알고 조음기관을 제대로만 붙여 준다면, 의미 전달은 누구나 정확히 할 수 있습니다.

핵심 **요약정리**

1. 목소리는 방향이 중요하다. 모든 글자를 앞으로 밀어내자.
2. 목소리는 모양이 중요하다. 첫 글자를 아래로 쿵 치면서 힘 있게 포물선을 그리듯 소리 내자.
3. 목소리는 속도가 중요하다. 모든 글자를 일정한 속도로 말하자.
4. 목소리는 움직임이 중요하다. 입, 턱, 혀 등 조음기관을 부지런히 움직이자.

소리 전달하기

STEP 02 # 복식호흡

“복식이 중요할까? 호흡이 중요할까?”

2019년 체육 임용을 준비하는 한 수험생이 있었습니다. 그는 수업실연할 때마다 5분 정도만 지나도 금방 목이 쉬고 따끔거려서 고민이 많은 상황이었죠. 수업 첫날, 복식호흡이 무엇이며 어떻게 해야 하는지를 물어봤더니 굉장히 자신 있는 표정으로 시범을 보였습니다. 이후 이런 말을 했죠.

“선생님, 저 체육 전공이에요. 예전부터 운동을 다양하게 해 와서 익숙합니다. 배가 엄청 잘 나오죠? 저 복식호흡은 문제없습니다.” 그래서 제가 바로 이렇게 답했습니다. “복식호흡을 그렇게 잘하는데 목이 왜 금방 아플까요?” 이 물음에 그는 꿀 먹은 벙어리가 되고 말았습니다.

❶ 복식호흡을 왜 하라고 할까?

"호흡은 목소리의 안정성, 속도, 톤을 결정한다."

대부분 호흡은 생명 유지의 기능만 한다고 생각합니다. 하지만 이것 말고도 호흡의 중요한 기능이 하나 더 있는데요. 바로 목소리를 만드는 기능입니다. 그래서 전문가들이 좋은 목소리를 갖기 위해 복식호흡부터 익혀야 한다고 말하는 것이죠. 그런데 도대체 호흡이 목소리와 어떤 관련이 있기에 모두가 한목소리로 복식호흡이 중요하다는 걸까요?

목소리는 곧 호흡이다

지금 몸에 남아 있는 호흡을 모두 다 '후~' 뱉고 나서 말을 해봅시다. 아마도 소리가 제대로 나오지 않거나 걸걸한 목소리로 겨우 소리 낼 수 있는 정도일 텐데요. 우리의 목소리를 만드는 기관은 성대입니다. 손바닥이 부딪히는 것처럼 성대의 빠른 접촉으로 발생한 진동이 목소리로 표현되는 것이죠.

이러한 성대의 진동은 호흡, 즉 공기가 성대를 지나가면서 발생합니다. 그래서 목소리를 잘 내기 위해서는 호흡을 충분히 마시고 뱉으며 말하는 것이 필수인데요. 하지만 평소에 우리는 말할 때 숨이 차지 않을 정도만 짧게 호흡을 채우고 말하죠.

더욱이 자신이 호흡을 마시고 뱉으면서 소리 내고 있다는 사실 자체를 인지하지 못하는 사람이 다수입니다. 서울에서 부산까지 갈 때 차에 기름을 가득 채우듯이, 말을 할 때도 숨을 가득 채우는 습관을 들인다면 누구나 좋은 음성을 가질 수 있습니다.

호흡이 충분하지 않으면 목이 아프고 톤이 높아진다

호흡을 충분히 마시고 뱉으면서 말하면 공기가 성대를 진동시키면서 자연스럽게 좋은 목소리가 나옵니다. 하지만 호흡을 충분히 마시지 않고 부족한 상태에서 말한다면, 억지로 성대와 목에 힘을 준 채로 소리 낼 수밖에 없는데요.

목에 힘이 들어가는 일이 반복되면 당연히 목에 열이 발생하면서 금방 통증을 느낄 수 있습니다. 또한, 자연스럽게 톤이 높아져 위로 찌르는 느낌의 듣기 불편한 소리가 나오죠. 따라서 목이 아프지 않으면서 안정감 있는 톤으로 소리를 내려면, 충분한 호흡이 뒷받침되어야 합니다.

호흡은 말의 속도를 결정한다

호흡을 충분히 마신 상태라면 긴 문장도 일정한 속도로 말할 수 있습니다. 하지만 호흡이 부족하면 현재 남아 있는 호흡 안에서 문장을 구사해야 하는데요. 예를 들어보겠습니다. 호흡의 100을 채우고 100자를 말하는 것과 호흡의 50만 채우고 100자를 말하는 경우, 어느 쪽의 속도가 더 빠를까요?

당연히 후자가 빠를 것입니다. 활용 가능한 호흡 내에서 모든 글자를 다 말하는 습관이 우리 모두에게 있기 때문이죠. 이처럼 호흡이 부족하면 말의 속도가 빨라질 수밖에 없습니다. 그래서 항상 말을 시작하기 전에는 문장마다, 의미 단위마다 숨을 빠르게 가득 채워야 안정감 있는 속도로 답변할 수 있습니다.

② 숨 마시기 – 배가 부풀어 오르면 복식호흡일까?

"어깨를 통제하고 깊게 마시면 배는 자연스럽게 나온다."

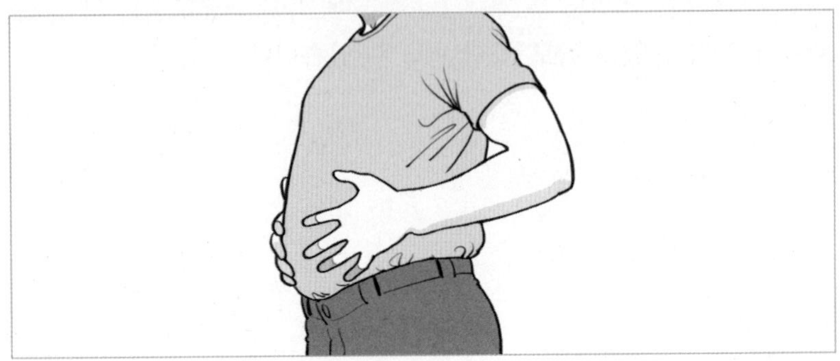

| 그림 7–2 |

복식호흡을 설명하기 전에 한 가지 질문을 드리겠습니다. 복식호흡에서 복식이 중요할까요? 아니면 호흡이 중요할까요? 정답은 '호흡'입니다. 복식호흡도 그 방법이 어떻든 결국은 호흡법의 한 종류인데요. 그래서 호흡을 마시고 뱉는 것에 집중해야 하죠.

그런데 대부분은 복식이라는 단어에 꽂혀서 배를 앞으로 빵빵하게 부풀리는 데만 집중합니다. 심지어 몇몇 책이나 유튜버는 복식호흡을 이렇게 설명합니다. "배에 숨을 가득 채운다는 느낌으로 마십니다." 또는 "숨을 마실 때 배를 빵빵하게 부풀려 보세요." 그들이 복식을 강조하여 설명하는 이유는 알 것 같은데, 문제는 이러한 설명이 호흡을 마시기보다는 배를 부풀리는 것에 집중하도록 만든다는 점이죠.

숨을 마시는데 배가 나오는 이유

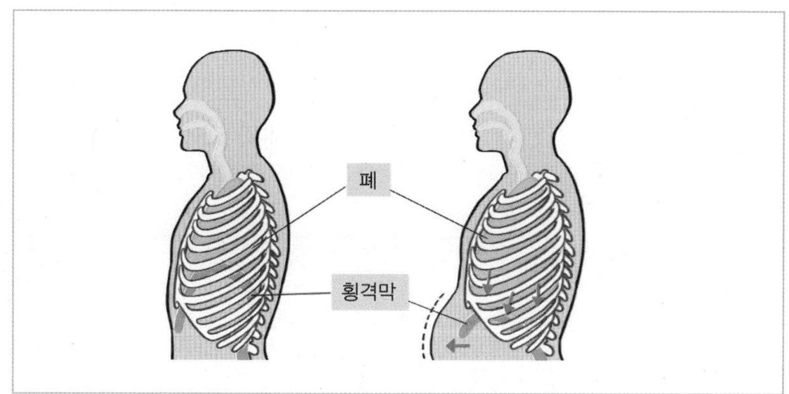

| 그림 8 |

우리가 코나 입으로 들이마신 숨은 기도를 거쳐 최종적으로 폐에 들어갑니다. 그래서 호흡할 때 폐가 커지고 작아지는 것은 당연하다고 볼 수 있는데요. 흔히 우리가 알고 있는 복식호흡은 폐(가슴)보다는 배가 더 많이 부풀어 오른다는 특이점이 있습니다. 도대체 숨을 마시는데 왜 배가 나오는 걸까요? 이는 바로 도미노 현상 때문입니다.

우리 몸통은 가슴과 배로 나누어져 있습니다. 그렇다면 가슴과 배를 나누는 기준이 무엇일까요? 바로 '횡격막'이라는 기관인데요. 숨을 폐에 가득 채우면 폐는 풍선처럼 사방으로 부풀어 오릅니다. 폐가 부풀어 오르면 자연스럽게 그 아래에 있는 횡격막을 눌러 횡격막이 아래로 내려가게 되고요. 그리고 또 횡격막은 횡격막 밑에 있는 다양한 장기를 감싸면서 아래로 누르는데요.

하지만 장기들은 골반에 막혀 아래로 더는 내려가지 못하므로 신축성이 좋은 배로 밀려나오는 것입니다. 즉, 폐에 숨을 가득 채우면 도미노 현상에 의해 장기들이 저절로 배로 쏠려 나오는 것인데요. 이처럼 복식호흡은 폐에 숨만 가득 채워도 자연스럽게 배가 나오는 것을 말하죠.

숨 마시기 ➡ 폐 팽창 ➡ 횡격막 누름
➡ 장기 누름 ➡ 장기의 배 쏠림 현상

배를 일부러 내면 안 되는 이유

숨을 폐에 가득 채우면 배는 알아서 자연스럽게 앞으로 밀려나옵니다. 복식호흡은 평소처럼 폐가 횡격막을 밀어낼 수 없을 정도로 얕게 마시는 호흡이 아니라, 깊게 숨을 들이마셔 배가 자연스럽게 나오는 호흡이라고 정의할 수 있는데요.

배가 잘 나오지 않는다고 고민하는 분들도 많습니다. 그래서 일부러 배를 앞으로 밀어내는 분들도 있죠. 하지만 배를 일부러 앞으로 힘주어 밀어내면 평생 연습해도 복식호흡을 익힐 수 없습니다. 왜 그럴까요?

숨을 마실 때 일부러 배를 앞으로 밀어내면 복압(배의 압력)이 커져 숨이 들어가다가 중간에 막힙니다. 배에 힘만 주지 않아도 폐에 숨을 100% 채울 수 있는데, 복압으로 인해 50%밖에 채워지지 않는 것이죠. 그러니 배에 일부러 힘을 주어 앞으로 밀기보다는 배는 가만히 두고 숨을 가득 채우려 노력해야 합니다.

내장 지방량과 장기의 위치에 따라서 상대적으로 배가 많이 나오는 분도, 적게 나오는 분도 있으니 너무 걱정하지 마세요. 그래서 일부 전문가들은 복식호흡이라는 단어 때문에 사람들이 배를 앞으로 밀어내는 것에만 집중하는 것을 방지하기 위해 '횡격막 호흡'이라는 단어로 대체하기도 합니다.

숨을 마실 때 신경 써야 할 한 가지, 어깨

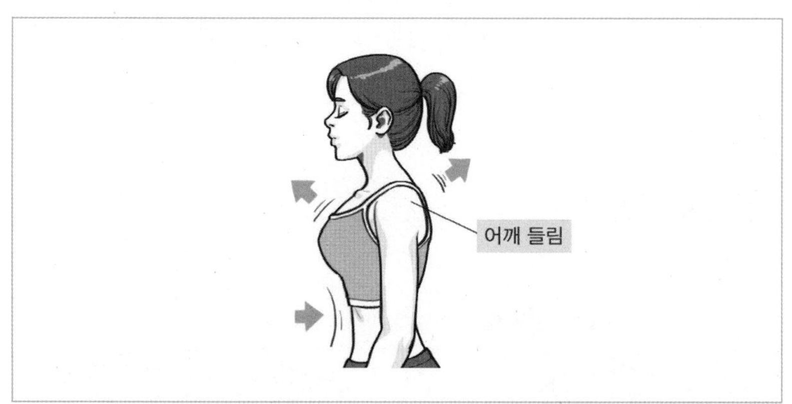

| 그림 9 |

우리가 흔히 '흉식호흡'이라고 부르는 얕은 호흡은 겉으로 봤을 때, 몇 가지의 특징이 있습니다. 위 그림처럼 숨을 마실 때 가슴과 어깨가 동시에 들리고, 배는 안으로 들어간다는 것인데요. 숨은 가슴에 있는 폐에 채워지는 것이니 폐가 들리는 것은 상식적으로 당연합니다.

다만 어깨는 통제하는 것이 좋은데요. 폐가 횡격막을 밀고, 횡격막이 장기를 밀어내어 배가 나오는 것처럼 어깨도 폐가 사방으로 부풀어 오르면서 어깨뼈를 밀어내서 들리는 것입니다.

그런데 앞서 복압을 이야기했던 것처럼 가슴과 어깨가 먼저 부풀게 되면 가슴 부위의 압력이 커지면서 배는 오히려 숨을 마실 때 안으로 들어가게 되는데요. 이때, 어깨만 잘 통제해 줘도 가슴의 압력이 커져 숨이 덜 들어가는 것을 방지할 수 있습니다. 숨을 마실 때, 어깨를 들지 않은 상태로 깊게 마시면 자연스럽게 배가 부푸는 현상을 느낄 수 있죠. 또 가슴과 어깨에 압력이 들어가면 자연스럽게 주변 근육에도 힘이 들어가는데요. 가슴과 어깨의 긴장이 목 근육으로까지 이어지면서 목에 힘이 들어갑니다. 그 결과 조이는 소리가 나죠. 그래서 복식호흡이 중요한 것입니다.

몸통 전체가 커져야 한다

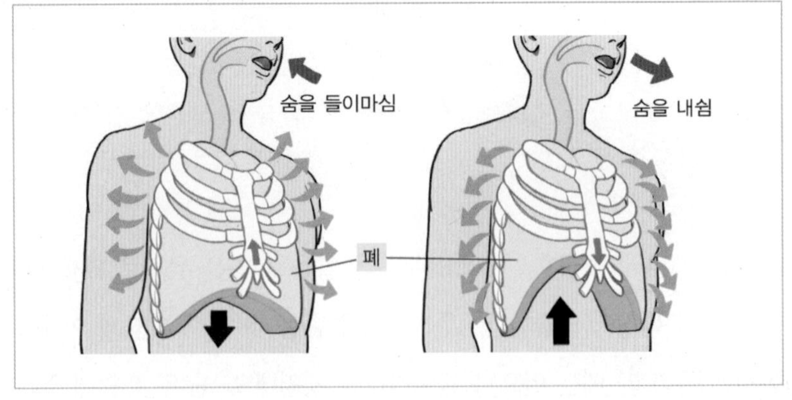

| 그림 10 |

복식호흡은 배가 나오는 특이한 모습 때문에 붙여진 이름이지, 사실상 몸통의 전후좌우를 동시에 부풀려 흉곽 전체를 커지게 하는 호흡을 말합니다. 몸통 전체가 사방으로 커지면서 부수적으로 배가 나오는 것이죠.

진정한 복식호흡이란 배는 물론 갈비뼈가 옆으로 팽창해야 하고, 숨을 마시는 후반부에는 가슴도 앞으로 들려야 하며, 심지어 등까지 팽창하는 호흡을 말합니다.

복식호흡을 제대로 연습하려면, 우리가 흔히 갈비뼈라고 부르는 늑골을 옆으로 팽창시키는 방법을 기본으로 연습해야 합니다. 어깨를 통제한 상태에서 숨을 깊게 마시면서 몸이 옆으로 들린다는 느낌으로 숨을 마시는 것을 반복해 보세요. 여러분이 평소에 하는 호흡보다 훨씬 더 많은 숨을 들이마실 수 있습니다.

③ 숨 뱉기 – 복식호흡을 해야 하는 진짜 이유

"숨 뱉기 전에 배부터 당긴다."

숨을 폐에 가득 채우는 것이 복식호흡의 1단계라면, 2단계는 이 호흡을 활용해서 소리를 만들어 내는 것입니다. 복식호흡을 백날 연습해도 목소리가 좋아지지 않는 이유 중 하나가 바로 이 2단계를 제대로 훈련하지 않아서인데요.

호흡을 마실 때 배가 나오는 것처럼, 나와 있는 배를 안으로 당기면 도미노 현상이 반대로 일어나기 때문에 배만 당겼는데도 호흡이 세게 밀려 나옵니다. 이처럼 소리 낼 때 배를 당겨 주면 목에 들어가는 힘이 배로 분산되어 소리의 안정감과 힘 그리고 톤을 동시에 잡을 수 있습니다. 안정적인 목소리를 갖고 싶다면 호흡을 마실 때만큼 뱉을 때도 반드시 신경을 써야겠죠?

배에 힘주지 말고 배를 당기자

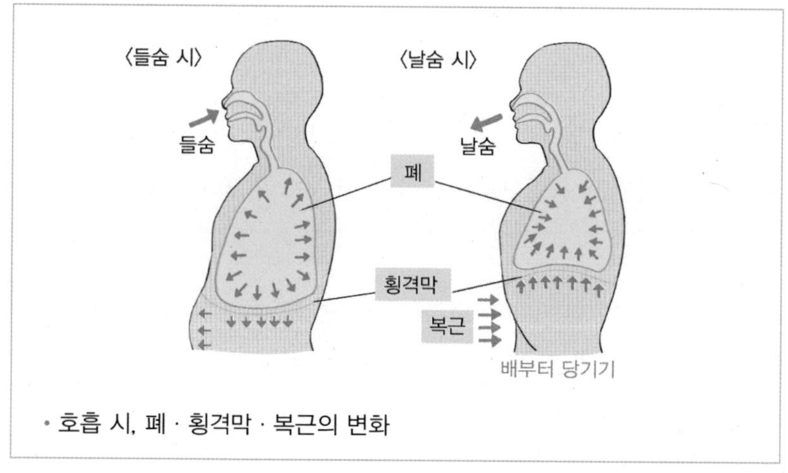

• 호흡 시, 폐 · 횡격막 · 복근의 변화

| 그림 11-1 |

복식호흡을 설명할 때 꼭 빼놓지 않고 하는 말이 있습니다. 바로 배에 힘주고 소리 내라는 말인데요. 배에 힘을 준다는 개념이 사람마다 다르지만, 정확히 표현하면 힘을 주는 것이 아니라 안으로 당기는 것이 맞습니다.

치약을 짤 때 치약의 몸통을 눌러야 치약이 나오는 것처럼, 호흡을 마셔서 복부로 쏠려 있는 장기를 뱃살을 집어넣듯이 안으로 당겨 넣어야 장기가 원위치가 되면서 호흡이 세게 나오는 것이죠. 화장실에서 힘주는 느낌이 아니라 배가 등과 맞붙는 느낌으로 안으로 당겨야 함을 기억해야 합니다.

호흡을 뱉기 전에 먼저 당기자

호흡을 마시고 배를 당길 때 대부분이 실수하는 것 중 하나가 배를 안으로 당기기도 전에 먼저 입으로 호흡을 뱉어버린다는 것입니다. 앞서 치약 몸통을 눌러야 치약이 나오는 것과 같이 배를 먼저 안으로 당기고 숨을 뱉는 순서로 연습할 필요가 있는데요.

복식호흡은 뱃심으로 소리 내는 것을 뜻하는 것인만큼 배를 먼저 당긴 후에 호흡을 뱉어야 합니다. 이 사소한 순서가 소리의 안정감, 톤, 목 아픔의 여부를 결정합니다.

배 안으로 당기기 ➡ 장기 원위치 ➡ 횡격막 원위치
➡ 폐에 공기 빠져나감 ➡ 소리

입으로 마시고 수평으로 연습하자

"입으로 빠르게 숨을 마신다."

복식호흡을 아무리 연습해도 쉽게 체득이 안 된다며 고민하는 분들이 많습니다. 그 이유는 바로 호흡이 생명 유지와 관련된 활동이기 때문이죠. 평소 호흡을 얕게 마시면서 살다가 갑자기 깊게 마시는 행위가 반복되면서 몸이 거부하는 것인데요. 대표적 현상으로 어지러움, 반복적 하품 등이 있습니다. 그래서 몇 번 하다가 쉽게 포기하죠. 그렇다면 복식호흡을 어떻게 연습하면 좋을까요?

입으로 빠르게 숨을 마시자

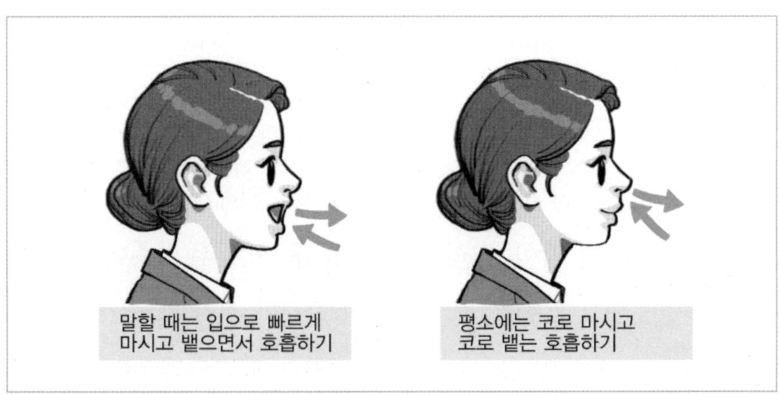

| 그림 11-2 |

복식호흡 할 때 코로 깊게 들이마시고 입으로 공기를 뱉는 방법으로 훈련하는 분들이 많습니다. 하지만 이러한 방식은 복식호흡

을 활용한 소리 표현의 걸림돌이 될 수 있는데요. 계속해서 말씀드리지만 복식호흡은 숨을 깊게 마시고 소리 내는 것을 의미합니다.

코로 숨을 마실 경우, 콧구멍의 크기가 작아서 폐에 숨을 가득 채우려면 시간이 오래 걸리는데요. 문장을 구사하기 전이나 말하는 중간에 숨을 채우기 위해 코로 숨을 마신다면 3초 이상의 시간이 걸립니다. 이런 경우, 의미를 띄엄띄엄 전달하게 되어 결국은 깊게 숨 마시기를 포기하게 됩니다.

따라서 코가 아니라 입으로 빠르게 숨을 마셔야 합니다. 입은 코에 비해서 크기가 훨씬 커서 많은 양의 숨을 마시고 뱉기 좋죠. 예를 들어, 100m 달리기를 한 후 부족한 산소를 채우기 위해 모든 선수가 입을 벌려 빠르고 크게 숨을 마십니다. 그 누구도 이 상황에서 코로 숨을 마시지 않죠.

우리가 기존보다 더 많은 호흡을 마시기 위해서는 입으로 마셔야 조금이라도 더 많이, 그리고 빨리 숨을 마실 수 있습니다. 코로 숨을 마시고 입으로 뱉는 것은 심신의 안정과 수련 및 건강을 위해서 하는 방법이지, 말할 때는 입으로 빠르게 공기를 마시고 뱉는 연습을 해야 합니다.

Tip 말하지 않을 때, 입으로 숨을 마시고 뱉는 '구호흡'을 하면 얼굴형 변형과 집중력 감소 등 각종 건강 문제를 일으키기 때문에 좋은 호흡법은 아니다. 하지만 말할 때는 입으로 공기를 빠르게 마시는 것이 좋다.

수직보다는 수평으로 연습하자

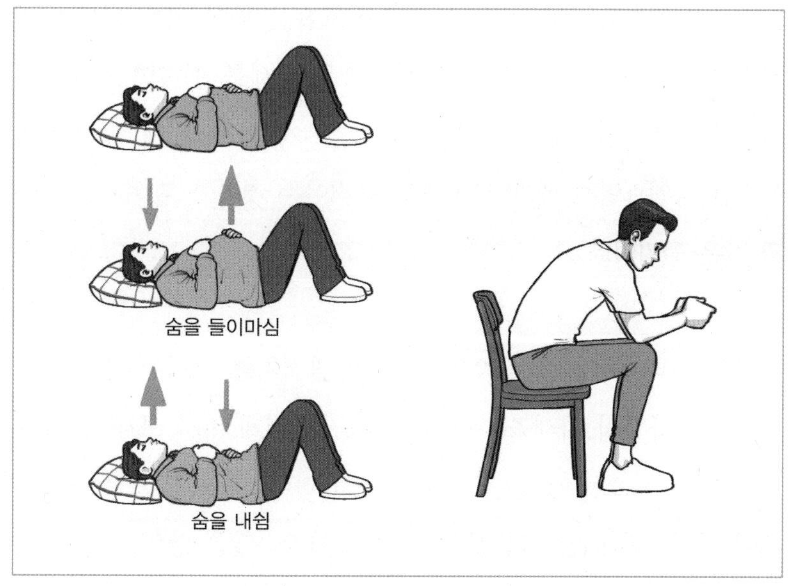

| 그림 12-1, 12-2 |

평소 우리는 앉아서 또는 서서 말하기 때문에 복식호흡을 연습할 때도 앉거나 선 자세로 훈련하는 분들이 많습니다. 심지어 어떤 분들은 앉거나 선 자세로도 부족하다는 생각에 뱃심을 기르려고 기마자세로 복식호흡을 연습하거나 한쪽 다리를 드는 등 갖가지 방법을 동원하여 훈련하기도 합니다.

하지만 앉든 서든 기마자세든 상체가 수직으로 서 있을 경우, 생각보다 복식호흡을 체득하기가 쉽지 않은데요. 복식호흡을 잘하는 것도 중요하지만 스스로 호흡을 느낄 수 있어야겠죠?

복식호흡 할 때 숨을 폐에 가득 채워 자연스럽게 배가 앞으로 나오는 느낌, 또 배를 안으로 당겨서 호흡을 뱉어 내는 느낌을 익히기 위해서는 수직보다 수평에 가까운 자세를 취하면 복식호흡 과정을 훨씬 쉽게 체득할 수 있습니다. 누워서 배 위에 손을 올려놓으면 자연스럽게 배가 위아래로 움직이는 것을 느낄 수 있는 것과 같은 원리이죠.

앉은 상태에서 상체를 앞으로 숙여 팔꿈치를 다리에 닿게 합니다. 일명 화장실 자세죠. 이 자세로 숨을 깊게 마셔 보세요. 배가 훨씬 많이 나오는 것을 경험할 수 있습니다. 몸을 앞으로 숙이면 배에 자연스럽게 압력이 걸리기 때문인데요. 같은 양의 숨을 마셔도 배에 압력에 걸려 있는 상태라 배가 앞으로 더 많이 나옵니다.

그리고 몸을 앞으로 숙이면 배에 압력이 걸려서 배를 안으로 당기는 것은 더 힘든데요. 배를 당기는 힘을 기르기 위해서도 숙인 상태로 연습을 하면 좋습니다. 수직보다는 수평에 가까운 자세가 복식호흡을 빠르게 익힐 수 있습니다.

5 복식호흡 집중 연습

복식호흡은 입으로 숨을 빠르고 크게 들이마신 다음, 배를 먼저 안으로 당겨 입으로 숨을 뱉는 호흡법입니다. 이 과정 자체를 익히는 것도 중요하지만, 얼마나 공기를 안정적이고 균일하게 뱉어 내는지 스스로 알아차리는 것도 중요한데요.

배를 안으로 당기면서 숨을 뱉을 때, 어느 정도로 배를 당겨야 얼만큼의 세기로 공기가 나오는지 느낄 수 있어야 합니다. 호흡이 불규칙하게 나오면 소리도 그만큼 불규칙하게 표현되기 때문이죠.

그래서 숨을 마신 뒤 '후~' 하고 뱉는 행동을 단순히 반복하기보다는 몇 가지의 방법을 활용하면 좋은데요. 그것은 바로 'F → S → V → 흠'의 순서로 연습하는 것입니다.

'F'와 'S'로 균일하게 호흡을 뱉자

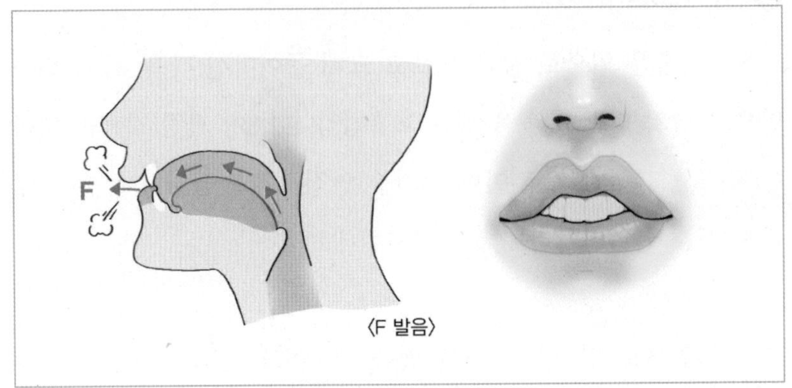

| 그림 13-1 |

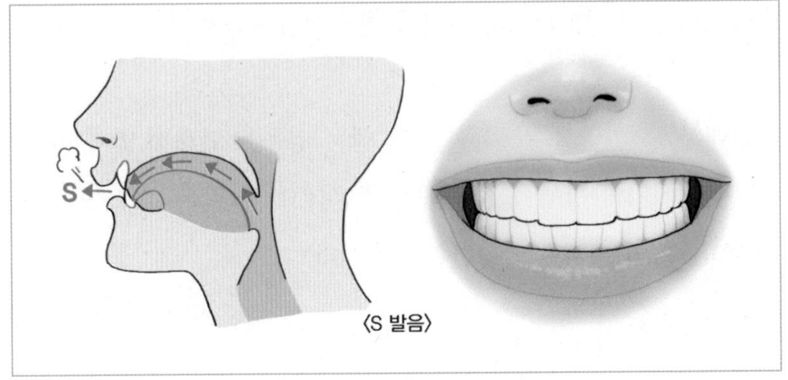

| 그림 13-2 |

알파벳 'F'와 'S'는 소리는 없고 공기만 있는 글자입니다. 그래서 공기를 얼마나 균일하게 뱉어 내는지를 알아차리기 좋은 글자들인데요. 윗니로 아랫입술을 살짝 문 다음 'F' 소리를 내면서 호흡 뱉기, 치아를 물고 앞니 사이로 공기를 세게 밀어 'S' 소리를 내면서 호흡 뱉기를 연습하면 균일하게 호흡을 뱉어 낼 수 있습니다.

'F'와 'S'로 균일하게 호흡 뱉기를 연습할 때는 최소 10초에서 최대 15초 이상은 뱉어 낼 수 있도록 노력하면 좋은데요. 문장의 길이마다 다르지만 보통 한 문장을 소리 내는 시간은 짧게는 3초에서 길게는 5초 정도입니다. 5초를 기준으로 삼고 3배가량인 15초 동안 'F'와 'S' 소리를 최대한 뱉어 내면 한 호흡으로 안정감 있는 목소리를 표현할 수 있습니다.

 # 복식호흡 'F', 'S' 연습

1. 숨 가득 마시기 ➡ 윗니로 아랫입술 살짝 물고 'F~' 소리 내면서 호흡 뱉기

2. 숨 가득 마시기 ➡ 치아 물고 앞니 사이로 'S~' 소리 내면서 호흡 뱉기

Tip

· 숨 마실 때 입으로 빠르게 가득, 아래로 깊게, 어깨를 들지 말고 마시자.
· 숨 마신 후, 참았다가 뱉지 말고 바로 뱉으면서 'F'와 'S' 소리를 내자.
· 배를 먼저 안으로 당기면서 'F'와 'S' 소리를 내자.
· 압력을 너무 많이 줘서 빨리 뱉기보다는 균일하게 뱉으려 하자.
· 최소 10초 이상, 최대 15초 이상 균일하게 뱉자.
· 숨이 나오고 배가 들어가는 반비례를 정확히 지키자.

'V'와 '흠'으로 성대를 진동시키자

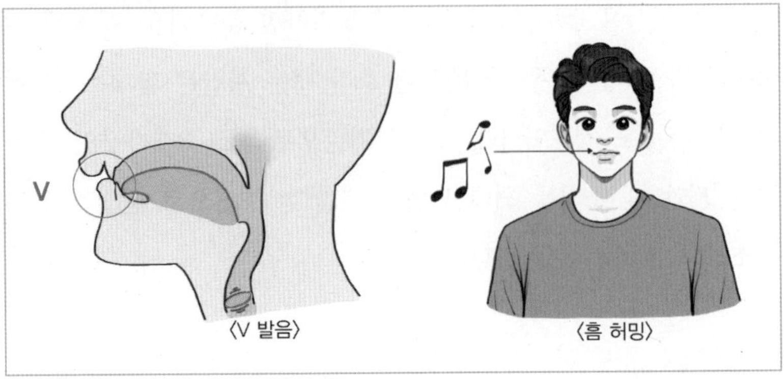

〈V 발음〉 〈흠 허밍〉

| 그림 14-1, 14-2 |

우리가 복식호흡을 연습하는 가장 큰 이유는 목소리를 낼 때 호흡을 활용하기 위해서인데요. 'F'와 'S'를 충분히 연습했다면, 똑같이 호흡을 뱉으면서 이제는 'V'를 연습할 차례입니다.

'V'는 'F'와 거의 비슷하지만 'F'가 공기만 내보내는 것에 비해서 'V'는 성대를 진동시켜 소리까지 낼 수 있는 음인데요. 한숨 쉬는 느낌으로 마신 공기를 뱉으면서 'V' 소리를 내보는 것입니다. 이때 일부러 목에 힘을 주어 'V' 소리를 내기보다 호흡을 뱉는 것에 집중하면서 'V'를 소리 내야 합니다.

'V'가 익숙해졌다면 다음은 '허밍'을 해 볼 차례입니다. 허밍을 할 때도 역시 소리를 세게 내기보다는 호흡을 세게 뱉는 느낌으로 하면 좋은데요. 입으로 숨을 마신 후, 입술을 붙이고 코로 공기를 뱉는 느낌으로 '흠' 소리를 내주는 것이죠.

이때 일부러 흠 소리를 내려고 노력하지 말아야 하고 톤이 높아지지 않도록 주의해야 합니다. 톤이 높아지면 저절로 성대에 힘이 들어가면서 호흡을 충분히 활용하지 못하게 되니까요. 'V'와 마찬가지로 깊게 한숨을 내쉬는 느낌으로 '흠~' 허밍을 해주면 좋습니다.

 # 복식호흡 'V', '흠' 연습

1. 숨 가득 마시기 ➡ 윗니로 아랫입술 살짝 물고 'V~' 소리내기

2. 숨 가득 마시기 ➡ 코로 먼저 공기 살짝 빼기 ➡ '흠~' 소리내기

Tip

· 'V~'와 '흠~'은 세게 소리 내려고 목에 힘주지 말고 편안하게 낮은 소리로 내자.

· '흠~'에서 윗입술의 떨림이 느껴질 수 있도록 밀어내자.

핵심 요약정리

1. 호흡은 목소리의 안정성, 속도, 톤을 결정한다. 적어도 문장 시작 전에는 충분히 숨을 마시고 소리 내자.
2. 호흡을 마실 때는 입으로 빠르고 깊게, 어깨를 통제하고 마시자. 그러면 배는 자연스럽게 나온다. 절대 일부러 배를 내밀지 말자.
3. 복식호흡 소리를 내기 위해서는 배부터 안으로 당기고 숨을 뱉는 것이 순서이다.
4. 호흡의 안정성을 위해 'F'와 'S', 호흡을 활용해 소리내기 위해 'V'와 '흠'을 연습하자.

STEP 03 # 모음

"들리냐, 마느냐, 그것이 문제로다."

2018년 필기 점수가 만점에 가까울 정도로 상위였던 30대 중반의 보건 임용 준비생이 찾아왔습니다. 면접 100%인 보건 임용 특성상, 면접으로 점수가 뒤집히는 사례가 많아 불안하다는 것이었는데요. '필기가 만점에 가까운데 왜 이렇게 걱정을 할까?' 하고 처음에는 물음표가 가득했지만 상담하면서 그 이유를 알 수 있었습니다.

평소 불안감이 큰 성격이기도 했지만 오랜 수험 생활로 자신감이 많이 떨어진 상태였습니다. 또 스터디원들로부터 "자신감이 너무 없어 보여요."라는 말을 매번 듣다 보니 쥐어짜 낼 마지막 기운도 없는 것처럼 말을 하고 있었죠. 말끝을 흐리고 자신감 없는 목소리를 교정하기 위해 바로 이 훈련부터 시작했습니다.

 딱 하나만 배워야 한다면 '모음'이다

"악센트를 빼고 입 모양을 정확히 움직인다."

말끝을 흐리는 습관, 작은 목소리, 그리고 자신감 없는 목소리까지, 이 모든 것을 한 번에 해결할 수 있는 방법이 있다면 무엇일까요? 대부분은 발성 훈련이라고 생각할 것입니다.

그러나 발성 훈련 전에 '모음'부터 제대로 소리 내는 것이 중요합니다. 모음은 짧게 소리 내면 모음 발음에 그치지만, 길게 소리 내는 순간 발성이 됩니다. 예를 들어볼까요? '아' 모음은 짧게 내면 '아' 모음일 뿐이지만, '아~' 하고 길게 내면 우리가 흔히 아는 발성이 되는 것이죠. 짧은 모음 발음을 정확하게 소리 내지 못한다면, 발성을 익히는 속도도 더딜 수밖에 없습니다.

모음은 의미 전달의 핵심 역할을 합니다. 즉, 소리가 들리게 말하느냐 아니냐를 결정하는 요소가 모음이라는 것인데요. 그렇기 때문에 우리가 목소리 훈련을 할 때 딱 하나만 배워야 한다면 단연, 모음을 배우는 것이 필요합니다.

특히, 자신감 없이 말끝을 흐리는 분들은 '습니다', '입니다', '합니다' 등 서술어의 모음을 소리 내지 않는 특징이 있는데요. 여기서 마지막 '다'의 '아' 모음을 소리 내느냐 마느냐에 따라서 의미 전달은 물론 수험생의 인상까지 달라질 수 있습니다. 모음을 잘 밀어내야 면접관들에게 의미 전달을 잘하고, 호감까지 줄 수 있습니다.

모음은 입 모양이 중요하다

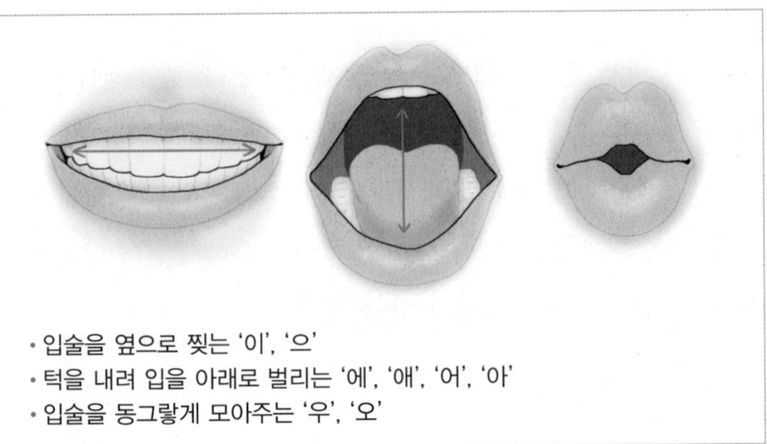

- 입술을 옆으로 찢는 '이', '으'
- 턱을 내려 입을 아래로 벌리는 '에', '애', '어', '아'
- 입술을 동그랗게 모아주는 '우', '오'

| 그림 15 |

모음은 우리말로 '홀소리' 또는 '홑소리'라고 부릅니다. 여기서 홀, 홑의 의미는 하나라는 뜻인데요. 모음은 입 하나만 움직여서 내는 소리를 뜻합니다. 평소 입을 계속 움직이면서 소리 내고 있나요? 아마 입을 많이 움직이지 않은 채 복화술 하듯 말하는 분들이 대부분일 겁니다.

입의 움직임이 각 모음에 맞게 정확하게 표현되지 않으면 먹는 느낌이 들거나 소리가 눌리면서 전달력이 떨어지는데요. 각 모음의 입 모양을 정확히 이해하고 소리를 밀어내는 훈련이 필요합니다.

모음의 입 모양 움직임은 크게 세 가지 정도로 정리할 수 있습니다. 옆으로 찢어서 내는 '이'와 '으', 턱을 아래로 벌려서 내는 '에', '애', '어', '아', 그리고 동그랗게 입술을 모아서 내는 '우'와 '오'가 있는데요.

모음마다 입의 모양과 벌리는 정도가 정해져 있고, 여기에 따라 입을 움직여야 제대로 모음 소리를 낼 수 있죠. 특히 입을 아래로 벌려야 하는 모음은 턱을 충분히 아래로 내리려는 노력이, 입술을 모아서 내는 모음은 윗입술을 충분히 움직여 가운데로 모으려는 노력이 필요합니다. 물론 입 모양을 정확히 표현하는 것만큼 호흡을 뱉으면서 소리를 밀어내는 연습도 함께 해야겠죠.

악센트를 버리자

| 그림 16 |

위 그림이 익숙한 분들도 많으시죠? '2의 2승', '2의 e승', 'e의 2승', 'e의 e승'을 소리 내어 읽을 때, 숫자 '2'는 부드럽게 [이]라고 읽지만 유독 알파벳 'e'는 목에 힘을 가득 준 채로 [이!]라고 읽는 분들도 계실 겁니다.

또 다른 예를 한 가지 들어볼까요? 근로나 업무를 나타내는 '일'이라는 단어와 숫자 '1'은 표기와 읽기가 같지만, 소리는 서로 다르게 냅니다. 근로나 업무를 나타내는 '일'은 부드러운 [일]로 소리 내지만, 숫자 '1'은 [일!]이라고 힘을 가득 주어 말하는 분들이 많을 텐데요. 알파벳 'e', 숫자 '1'처럼 목에 힘을 주면서 위로 높여서 내는 소리를 흔히 '악센트'라고 표현합니다.

그런데 모음을 소리낼 때는 각 모음에 악센트를 주지 말아야 합니다. 악센트는 듣는 사람에게 억세고 강한 느낌을 줄 수 있고, 말하는 사람의 목에 굉장한 부담을 줍니다.

더욱이 악센트를 준 상태로 모음 연습을 하면 모음을 길게 밀어내는 발성 훈련을 할 때도 문제가 발생할 가능성이 큰데요. 목에 힘을 잔뜩 준 상태로 '아, 이, 우, 에, 오' 등을 소리 내지 말고, 부드럽게 포물선을 그리면서 모음을 밀어내는 연습이 필요합니다.

끝모음은 항상 두 개이다

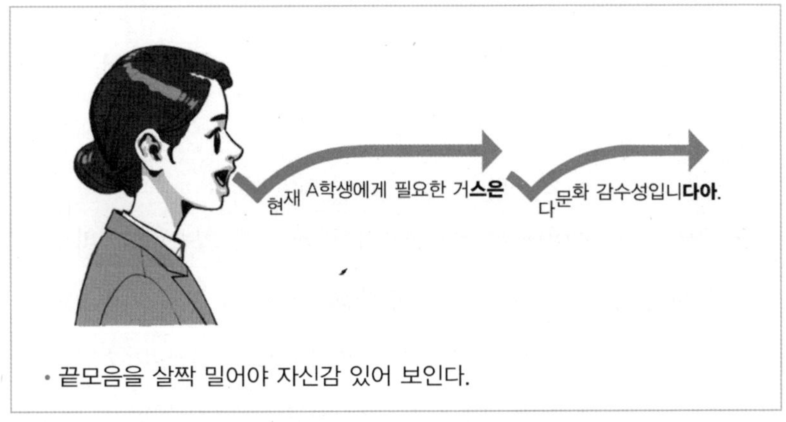

• 끝모음을 살짝 밀어야 자신감 있어 보인다.

| 그림 17 |

평가위원에게 답변을 정확하게 전달하고 자신감 있는 지원자로 보이기 위해서는 모든 모음을 정확하게 소리 내는 것도 중요하지만, 의미 단위의 마지막 끝모음을 밀어 주는 것이 더 중요합니다.

말할 때, 한 문장을 통으로 전달하는 것이 아니라 의미 단위로 나누어 전달한다고 말씀드렸는데요. 예를 들어보겠습니다. "현재 A 학생에게 필요한 것은 다문화 감수성입니다."라는 문장은 '현재 A 학생에게 필요한 것은'이라는 주어 부분과 '다문화 감수성입니다.'라는 서술어 부분으로 구분되어 의미 단위가 2개인데요.

이처럼 한 문장이더라도 의미 단위에 따라 두 부분으로 나누어서 의미를 전달해야 자연스럽습니다. 이때 주어로 사용한 보조사 '은'의 '으' 모음, 그리고 서술어 '다'의 '아' 모음을 분명히 소리 내줘야 정확한 의미 전달이 되는 것이죠.

그럼 끝모음을 정확히 전달하려면 어떻게 해야 할까요? 바로 의미 단위의 끝모음은 항상 2개가 있다는 생각으로 소리 내야 합니다. '은'은 '으은', '다'는 '다아'의 느낌으로 살짝 더 길게 밀어주는 것이죠.

단, 끝모음을 밀어낼 때 주의할 점이 한 가지 있습니다. 바로 소리가 분절되지 않아야 한다는 것인데요. 살짝 더 길게 미는 느낌으로만 음을 처리해 주어야 합니다. 이렇게 끝모음을 밀어주면 끝까지 의미가 명확히 전달되면서 자신감 없고 말끝을 흐리는 인상을 없앨 수 있죠.

그러므로 '습니다', '입니다', '합니다'와 같은 서술어 '다'의 끝모음 '아'를 비롯해서 중간중간에 있는 의미 단위의 끝모음도 항상 밀어내 줍시다.

입술을 한 번 움직이는 '단모음'

> "입술과 턱을 잘 움직여서 모음 소리를 낸다."

모음은 단모음과 이중모음 크게 2가지로 나눌 수 있습니다. 단모음은 입술을 한 번 움직여서 소리 내는 모음, 이중모음은 입술을 두 번 빠르게 움직여서 소리 내는 모음인데요. 입술을 한 번 움직이는 단모음을 정확하게 소리 낼 줄 알아야 이중모음의 정확도도 높아집니다. 그러면 지금부터 단모음을 하나씩 정확하게 소리 내보겠습니다.

모음 삼각도로 배우는 단모음

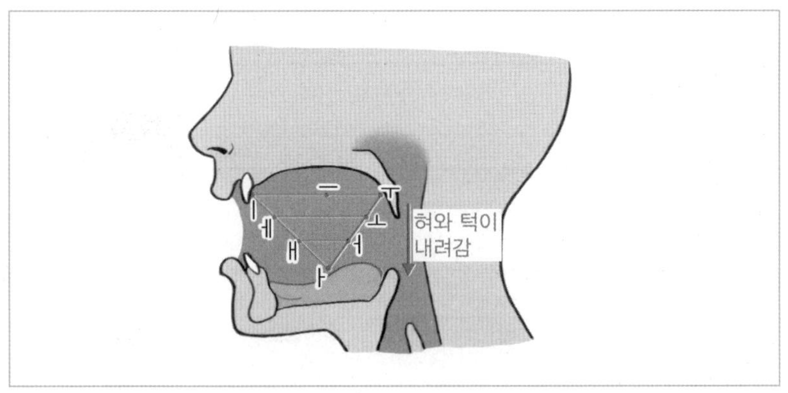

| 그림 18 |

모음을 정확하게 소리내기 위해서는 모음 삼각도를 활용하면 좋습니다. '모음 삼각도'란, 모음이 소리 나는 위치와 입 크기, 혀의 위치를 역삼각형으로 표현한 표인데요. 위 그림과 같습니다.

〈그림 18〉의 입안에 있는 모음 삼각도를 한번 보죠. 모음 '이'는 치아에 가깝고, 모음 '우'는 목구멍에 가까운 위치입니다. 모음 '우'처럼 위치가 목구멍에 가까운 음일수록 소리도 안에서 나기 때문에 조금 더 입 밖으로 밀어낼 필요가 있죠.

그리고 또 그림을 보면 입천장에 가까운 '이', '으', '우', 가장 아래쪽에 있는 '아', 이렇게 위아래에 각각 모음이 있는데요. 위에서 아래로 내려갈수록 턱을 내려서 입을 점점 크게 벌려야 함을 의미합니다. 그래서 모음 삼각도만 봐도 입을 어느 정도 벌려야 하는지 알 수 있죠.

모음의 입 모양

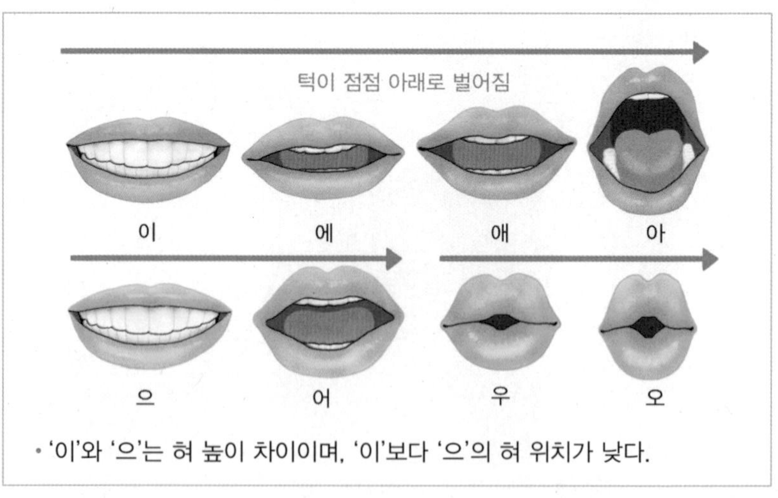

| 그림 19 |

1) '이' – 입술을 옆으로 찢는다.

2) '에' – '이'에서 검지를 살짝 물 수 있는 정도로 턱을 벌린다.

3) '애' – '이'에서 엄지와 검지의 꼬집 모양의 손톱을 물 수 있는 정도로 턱을 벌린다.

4) '아' – '이'에서 꼬집+중지까지 겹친 모양의 손톱을 물 수 있는 정도로 턱을 벌린다.

5) '으' – 입술을 옆으로 찢지만, '이'보다 혀를 더 아래로 내린다.

6) '어' – '으'에서 턱을 아래로 당기듯이 내린다.

7) '우' – 입술을 동그랗게 말아 윗입술을 살짝 들어 올린다는 느낌으로 앞으로 내민다.

8) '오' – 입술을 동그랗게 만 상태로 턱을 내린다.

Tip '우'와 '오'를 발음할 때 입술을 확실히 모아주지 않으면, '우'는 '으'처럼, '오'는 '어'처럼 들린다.

단모음은 턱을 내리는 방향으로 연습하자

단모음을 연습할 때는 3개의 덩이로 나누어 연습하면 좋습니다. 첫 번째 덩이는 '이, 에, 애, 아', 두 번째 덩이는 '으, 어', 세 번째 덩이는 '우, 오'입니다. 이렇게 연습하는 이유는 턱의 움직임을 활성화하기 위해서인데요.

입을 벌릴 때, 턱의 움직임으로 입을 크게 벌리는 사람들보다 혀만 살짝 내리는 분들이 많습니다. 물론 혀의 높이를 조절해서 각 단모음을 구분할 수도 있는데요. 그러나 턱을 내리면 혀만 내렸을 때보다 물리적 공간이 더욱 커지면서 톤이 낮아지고, 울림이 커지는 효과가 있죠. 따라서 반드시 턱을 내려서 입안의 공간을 확보해 모음을 소리 내는 연습이 필요합니다.

그리고 모음을 연습할 때는 중간에 소리가 끊어지지 않도록 해야 합니다. '이, 에, 애, 아'를 할 때, 한 음씩 끊어서 소리 내는 것이 아니라 소리는 계속 이어질 수 있게 하면서 턱만 자연스럽게 벌려 소리를 이어 내야 합니다. "안녕하십니까?"와 같은 인사말을 할 때, "안/녕/하/십/니/까?" 이렇게 분절시켜서 소리 내지 않는 것처럼 하나의 의미 단위는 반드시 이어서 소리 내야 하죠.

 # 단모음 집중 연습 ❶

이, 에, 애, 아

으, 어

우, 오

이, 에, 애, 아, 으, 어, 우, 오

Tip

· 턱만 내리면서 소리가 끊기지 않도록 한다.
· '어' 모음은 턱을 안으로 살짝 당기되, 소리는 앞으로 밀어야 한다.
· '우'와 '오' 발음 시, 빨대로 음료를 마실 정도의 공간만 벌려 소리 낸다.

 # 단모음 집중 연습 ❷

아이, 오우, 이애, 이우, 애오, 이애, 오오, 우에, 우에, 으으오, 우아

가치, 포부, 미래, 민주, 태도, 이해, 보고, 구체, 주제, 스스로, 주장

아이, 아아, 우오, 우어, 이이, 이우, 에이, 이이, 에오, 이오, 이이어
자치, 자아, 주도, 부서, 지시, 시수, 제시, 시기, 제도, 지도, 미디어

우에에, 으이아, 이이, 아우으아, 우오, 아이오애, 애아우, 애오, 오우
쿠레레, 스키마, 인지, 하부르타, 부모, 자기소개, 대다수, 태도, 도구

Tip

- 첫 모음은 아래로 힘 있게 앞으로 밀면서 두 번째 글자부터 음을 자연스럽게 올려 포물선을 그리자.
- 끝모음의 소리를 앞으로 밀어내고 마무리하자.
- 입 모양을 조금 과장한다는 생각으로 크게 움직이면서 연습하자.

단모음 집중 연습 ❸

오으으 / 이 오야으 애아아여어 / 아으아이아.
모음은 / 입 모양을 생각하면서 / 발음합니다.

오으으 / 이우으 우이어이 우이이여어 / 아으아이아.
모음은 / 입술을 부지런히 움직이면서 / 발음합니다.

으오으으 / 우 애 이아으 애아으오 / 아으오 이어애이아.
끝모음은 / 두 개 있다는 생각으로 / 앞으로 밀어냅니다.

오으으 / 아에으으 우이 / 아아야 아이아.
모음은 / 악센트를 주지 / 말아야 합니다.

오으으 / 오으 오이으 / 이어어 애이아.
모음은 / 모든 소리를 / 이어서 냅니다.

Tip 의미 단위마다 포물선을 힘 있게 그리면서 소리 내자.

❸ 입술을 두 번 움직이는 '이중모음'

"혀를 들었다 내리면서, 입술을 모았다 당기면서 소리 낸다."

이중모음은 단모음 두 가지를 한 번에 소리 내는 모음을 말합니다. 소리는 하나이지만 입술을 두 번 움직여야 하는 만큼, 내용을 빠르게 전달하기 바빠 대부분은 이중모음을 단모음처럼 발음하는 경우가 많습니다. 하지만 이중모음을 잘 표현해 주면, 다른 지원자와 음성 표현의 차별화를 줄 수 있고 신뢰감과 똑똑한 수험생이라는 인식을 평가위원들에게 심어줄 수 있습니다.

이중모음은 단모음 2개를 무작위로 결합해 발음하는 것이 아니라 발음을 시작하는 이중모음이 정해져 있습니다. 바로 '이'로 시작하는 이중모음과 '우' 또는 '오'로 시작하는 이중모음인데요.

'야, 여, 유, 요, 예, 얘'는 '이'로 시작하고 '와, 워, 위, 웨, 왜, 외'는 '우' 또는 '오'로 시작하는 이중모음입니다. 여기서 '위'와 '외'는 분류상 단모음이지만 이중모음 발음도 허용하고 있어서 이중모음으로 연습하겠습니다.

'이'로 시작하는 이중모음

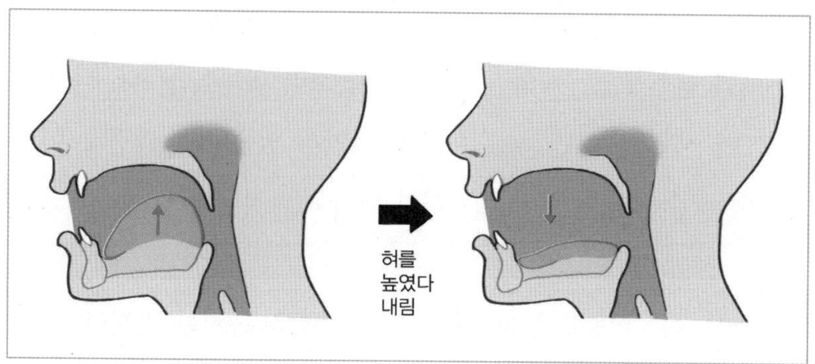

| 그림 20 |

'이'로 시작하는 이중모음은 '야, 여, 유, 요, 예, 얘' 이렇게 모두 6가지입니다. 이 여섯 글자를 단모음 두 개로 분리해 보면 아래와 같습니다.

> 이+아=야, 이+어=여, 이+우=유, 이+오=요, 이+에=예, 이+애=얘

'이'를 먼저 소리 낸 다음 빠르게 뒤에 있는 모음을 붙여서 한 음처럼 소리 내주면 이중모음으로 발음이 됩니다. 예를 들어, "레몬이 시다."라는 표현을 할 때 '레몬이 시어'를 한 음처럼 빨리 발음해 "레몬이 셔"라고 하는 것과 같은 원리죠.

원리 설명을 위해 '이'라고 말씀드렸지만, 단모음 '아, 어, 우, 오, 에, 애'와 이중모음 '야, 여, 유, 요, 예, 얘'를 번갈아서 소리 내보면 후자는 형식과 특성이 다르다는 점을 발견할 수 있는데요. 입을 옆으로 찢어서 발음하는 단모음 '이'는 발음 시 혀가 들렸다 내려갑니다.

'이' 음의 특징은 발음 시, 입안의 공간이 작다는 것인데요. 혀를 들었다가 내리면 자연스럽게 '이' 소리가 나는 효과를 볼 수 있습니다. 예를 들어보죠. '아'와 '야'를 번갈아 소리 내보겠습니다. 턱을 내리고 '아' 발음을 하면 혀는 아래에 가만히 있습니다. 그런데 '야'를 발음하는 순간 혀가 위로 들렸다가 내려오는 것을 느낄 수 있죠?

단모음 '아', 이중모음 '야'의 차이는 입안을 좁히는 과정이 한 번 더 추가되느냐의 여부입니다. 그래서 이중모음 '야, 여, 유, 요, 예, 얘'를 발음할 때 입술을 옆으로 찢은 후, 뒤에 오는 모음은 혀를 들었다가 내리는 방식으로 발음하면 훨씬 수월한 것이죠.

'이'로 시작하는 이중모음 집중 연습 ❶

갸 겨 규 교 / 냐 녀 뉴 뇨 / 댜 뎌 듀 됴 / 랴 려 류 료

먀 며 뮤 묘 / 뱌 벼 뷰 뵤 / 샤 셔 슈 쇼 / 야 여 유 요

쟈 져 쥬 죠 / 챠 쳐 츄 쵸 / 캬 켜 큐 쿄 / 탸 텨 튜 툐

퍄 펴 퓨 표 / 햐 혀 휴 효 / 계 녜 뎨 례 / 먜 뱨 섀 얘

Tip

- 같은 자음끼리 4개씩 붙여서 포물선을 그리면서 연습하자.
- '기+아=갸' / '니+어=녀' / '디+오=됴' / '리+우=류'처럼 분리 후, 한 음처럼 빠르게 발음하자.
- 이중모음 '예', '얘'는 자음과 결합했을 때 단모음 '에', '애'로 소리 난다. 예 계[게]

'이'로 시작하는 이중모음 집중 연습 ❷

아여, 요유, 아요, 어오여, 요아, 아오여, 아야, 애여, 오요, 예이, 우여
반영, 교육, 학교, 청소년, 교사, 사고력, 함양, 해결, 목표, 계기, 우려

여아, 여야, 아어우아유, 어여우, 여어, 여애아으, 우여, 애여, 우이여
현장, 역량, 학업중단율, 어려움, 경험, 평생학습, 운영, 개념, 무기력

어이여, 아여, 유어, 여아, 아우여, 아야, 오요, 여어, 유유으, 오여 이이어
선입견, 발령, 규정, 격차, 다수결, 방향, 동료, 협업, 유튜브, 소셜 미디어

아어우아우여에, 우여으, 우여, 애여, 여오, 오여, 이야, 아요, 유이, 여에
학업중단숙려제, 불평등, 구현, 배려, 협동, 폭력, 지향, 작용, 규칙, 경제

으요, 오여, 여아, 여여여, 에유에으, 여어, 여여, 여이, 요여, 우여, 아여
등교, 조력, 격차, 변별력, 에듀테크, 형성, 형편, 혁신, 표현, 불평, 학력

여야, 으여, 여아, 아아여, 아여, 아여, 이여, 여애, 여어, 유오, 야아
편향, 능력, 평가, 상상력, 참여, 차별, 실현, 견해, 결석, 규모, 향상

'우' 또는 '오' 로 시작하는 이중모음

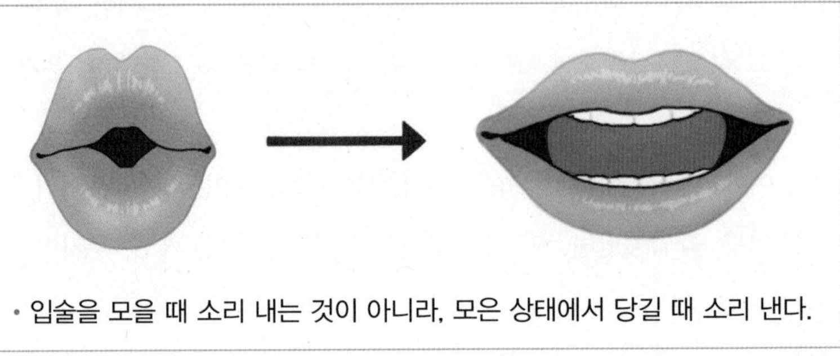

• 입술을 모을 때 소리 내는 것이 아니라, 모은 상태에서 당길 때 소리 낸다.

| 그림 21-1 |

'우' 또는 '오'로 시작하는 이중모음은 '와, 워, 위, 웨, 왜, 외' 이렇게 6가지입니다. 앞서 말씀드렸지만, '위'와 '외'는 분류상 단모음이지만 이중모음 발음도 허용되기 때문에 이중모음으로 연습하면 좋은데요. 6가지 이중모음을 단모음으로 분리해 볼까요?

오+아=와, 우+어=워, 우+이=위, 오+에=웨(외), 오+애=왜

'우' 또는 '오' 이중모음은 원순모음 '우'나 '오'의 입 모양을 잡은 후, 뒤에 오는 모음을 빠르게 소리 내주면 '와, 워, 위, 웨, 왜, 외' 발음을 정확히 할 수 있습니다. '과자'의 '과'는 '고+아'를 각각 분리해서 발음하지 않고 한 음처럼 빠르게 이어서 발음하면 '과'라고 소리 나는 것입니다.

'우' 또는 '오'로 시작하는 이중모음 발음 시 주의할 점은 첫 음의 '우'와 '오'는 소리를 내지 않고 입 모양만 표현해야 한다는 것인데

요. 가령 '와'를 발음한다고 해서 '오' 소리를 내버리면 분절되어 들리기 때문이죠.

그래서 '와'를 발음하려면 입술을 우선 동그랗게 모아 놓고, 당기면서 소리만 내면 됩니다. '우' 또는 '오'로 시작하는 이중모음은 처음의 입 모양이 동그랗게 이미 모인 상태여야 한다는 사실, 꼭 기억해 주세요.

 # '우' 또는 '오'로 시작하는 이중모음 집중 연습 ❶

와오, 예외, 와오, 와에, 이외, 애와, 여와, 여와, 오외, 애와, 와요, 요유와
활동, 계획, 과목, 과제, 기회, 생활, 변화, 평화, 소외, 생활, 활용, 교육관

와어와, 이워, 와어, 와예, 아와, 요와어, 아우와, 요외, 워여, 이워, 여으워
활성화, 지원, 관점, 관계, 상황, 교과서, 다문화, 교외, 권력, 인권, 평등권

아유워, 워이, 요이와, 어애워, 애우오와, 워여, 이외, 외유, 와애
자유권, 권리, 교직관, 선택권, 재구조화, 원격, 기획, 회유, 확대

아워, 여와, 와여, 아위, 위어, 위이, 이와, 외오와, 에외, 우위워, 여와
자원, 결과, 환경, 착취, 위험, 위기, 심화, 최소화, 제외, 중위권, 현황

우외, 이와, 위우, 이와, 위야, 아워, 워오, 여와, 우와, 아워
후회, 기관, 위축, 친화, 취약, 학원, 권고, 연관, 부과, 탁월

Tip
· 입술을 동그랗게 만든 다음, 당길 때 소리를 낸다.
· 빨대로 음료를 먹을 때 크기 정도의 벌어짐은 있어야 한다.

‘우’ 또는 ‘오’로 시작하는 이중모음 집중 연습 ❷

오우와오 이, / 우이으아 아애으오 이아 애여아아으 / 에 아이 아으으이 에으이아.
모둠활동 시, / 무임승차 발생으로 인한 해결방안을 / 세 가지 말씀드리겠습니다.

아으요유오오에에 와어와 아아 / 우 아이으 아으으이에으이아.
마을교육공동체의 활성화 방안 / 두 가지를 말씀드리겠습니다.

오요아어에 와오으 / 오어와오으 우에오 / 유이어으 이외아오 이으이아.
고교학점제 과목은 / 조선왕조를 주제로 / 뮤지컬을 기획하고 싶습니다.

이 요아으 / 외오어애와요유으 오애 / 아애으에 와예으 / 애어아 이요아 이으이아.
김 교사는 / 회복적생활교육을 통해 / 학생들의 관계를 / 개선할 필요가 있습니다.

아애이워오예 에어 이우 / 아애으에 워이 야아이 / 우우이 이우어이오 이 으이아.
학생인권조례 제정 이후 / 학생들의 권리 향상이 / 꾸준히 이루어지고 있습니다.

아우와 아애으 / 이오아여야아이워 으애오 / 우우에 오우으 아으 우 이 으이아.
다문화 학생은 / 기초학력향상지원 플랫폼 / 꾸꾸의 도움을 받을 수 있습니다.

Tip 의미 단위마다 포물선을 힘 있게 그리면서 소리 내자.

위치와 역할에 따라 발음이 바뀌는 이중모음 '의'

"첫소리는 [의], 첫소리가 아니면 [이], 조사면 [에]로 발음한다."

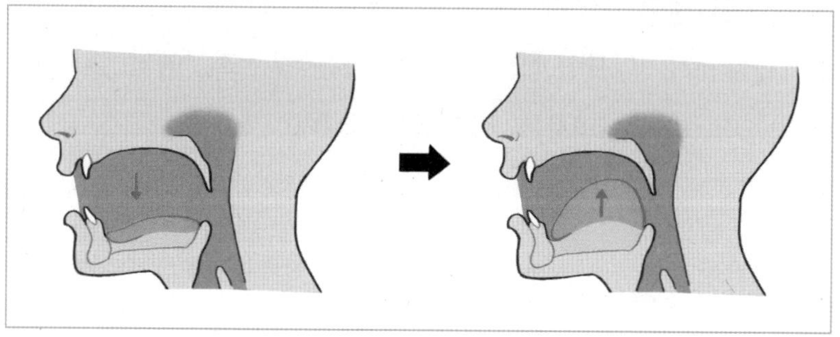

| 그림 21-2 |

이중모음은 '이'로 시작하는 이중모음과 '우' 또는 '오'로 시작하는 이중모음으로 나눌 수 있다고 말씀드렸는데요. 항상 예외는 있습니다. 바로 '의' 이중모음인데요. '의' 이중모음은 단모음 '으'와 '이'가 결합한 글자입니다.

입술 모양을 찢은 상태로 유지하면서 혀의 움직임만 바꿔주면 '의' 발음을 할 수 있는데요. 혀를 아래로 내렸다가 위로 들면 자연스럽게 '의' 소리가 납니다. 이처럼 원칙적으로 '의' 발음은 '으'와 '이'를 빠르게 발음하는 것이 맞지만, '의'가 어디에 위치하느냐에 따라서 발음하는 방법이 달라질 수 있는데요. 하나씩 알아보겠습니다.

첫소리가 '의'면 예외 없이 '의'

단어 첫 글자가 '의'라면 '으'와 '이'를 연이어서 그대로 발음한 [의]가 정확한 발음입니다. 하지만 [의]라는 발음이 어려운 편이라 [으]로만 소리 내는 경우가 많은데요. 예를 들어, '의리'를 [으리]라고 발음한다든가, '의사'를 [으사]로 발음하는 경우죠. '의'가 첫소리라면 반드시 [의리], [의사]로 발음해야 합니다.

 # 첫소리 '의' 집중 연습

의사[으이사], 의지[으이지], 의원[으이원], 의료[으이료], 의전[으이전], 의술[으이술], 의족[으이족], 의수[으이수], 의령[으이령], 의리[으이리], 의문[으이문], 의석[으이석], 의도[으이도], 의미[으이미], 의병[으이병]

첫소리가 아니면 '이' 발음 허용

'의'가 단어 첫소리가 아니라면 [의] 대신 [이] 발음도 가능합니다. 오히려 이제는 첫소리가 아닌 '의'를 [의]라고 정확하게 발음하면 어색하게 들릴 정도인데요. 예를 들어, '정의'라는 단어는 [정의]라고 발음하는 것도 맞고 [정이]라고 발음하는 것도 맞는 것이죠. 단, [정의]라고 발음하면 듣기에 어색할 수 있으니 요즘은 [정이]라고 발음하는 것이 더 자연스럽습니다.

또 다른 예로, 우리나라에는 '의사'도 있지만 '한의사'도 있죠? '의사'는 '의'가 첫소리라서 반드시 '의'라고 발음해야 하지만, '한의사'는 '의'가 첫소리가 아닌 두 번째 소리이기 때문에 '이'라고 발음하는 것이 자연스럽습니다. 그래서 '한의사[하니사]'로 발음하는 것입니다.

만약, '흰색, 늴리리, 하늬바람'처럼 '의'의 이응 대신 다른 자음이 들어가 있다면 어떻게 발음해야 할까요? 이때도 '이'로 발음하면 됩니다. 즉, [힌색], [닐리리], [하니바람]으로 발음하는 것이죠.

 # 첫소리가 아닌 '의' 집중 연습

회의[회이], 심의[시미], 정의[정이], 성의[성이], 함의[하미], 한의[하니], 유의[유이], 강의[강이], 고의[고이], 구의[구이], 모의[모이], 주의[주이], 호의[호이], 토의[토이], 모의고사[모이고사], 화상회의[화상회이]

조사 '의'는 '에' 발음 허용

'의'가 단어를 구성하는 글자가 아닌 단어와 단어를 연결해 주는 조사로 쓰인다면 [에]로 발음할 수 있습니다. '교사의 자질'에서 '의'는 '교사'와 '자질'을 연결해 주는 조사 역할을 하는데요. 이때 표기 그대로 발음한 [교사의 자질]도 맞고 [교사에 자질]도 맞는 것이죠.

하지만 첫소리가 아닌 '의'를 [이]로 발음하는 것이 자연스러운 것처럼 조사 '의'도 [에] 소리로 발음하는 것이 좋습니다. 특히, 답변할 때 조사 '의'를 [의]로 발음하면 책 읽는 느낌을 주면서 도리어 어색하게 들리니 조사 '의'는 [에] 모음으로 발음해 주세요.

 # 조사 '의' 집중 연습

민주주의의 의의[민주주이에 의이]

교직관의 의미[교직꽈네 의미]

대학과의 공동교육과정[대학꽈에 공동교육꽈정]

꿈의 학교와 꿈의 대학[꾸메 학꾜와 꾸메 대학]

교육의 목적[교유게 목쩍]

의병모집의 의도[의병모지베 의도]

언어의 온도[어너에 온도]

공동 축제의 장[공동 축쩨에 장]

학교자치회의의 활성화 방안[학꾜자치회이에 활썽화 방안]

교육과정의 높은 자율성[교육꽈정에 노픈 자율썽]

학생중심의 교육을 위한 교사의 태도 변화[학쌩중시메 교유글 위한 교사에 태도 변화]

핵심 **요약정리**

1. 모음을 길게 내는 것이 발성이다. 모음을 정확히 잘 소리 내면 발성도 같이 좋아진다.
2. 모음 발음 시, 입 모양을 정확히 움직이고 악센트를 버리자. 특히, 의미 단위의 끝모음은 항상 2개 있다는 생각으로 밀어내자.
3. 모음은 입술을 한 번 움직이는 단모음, 입술을 두 번 움직이는 이중모음으로 나뉜다.
4. '야, 여, 유, 요' 같은 이중모음은 혀를 들었다 내리면서 발음하고, '와, 워, 위, 왜' 같은 이중모음은 입술을 모았다가 당길 때 소리 낸다.
5. '의'는 단어 첫 글자로 쓰이면 [의], 단어 첫 글자가 아니면 [이], 조사로 쓰이면 [에]로 발음하는 것이 자연스럽다.

STEP 04 # 발성

"목소리, 크게만 내면 될까?"

2020년 여름, 유독 체격이 작고 마른 국어 임용 준비생이 찾아왔습니다. 임용 2차는 물론 1차까지도 시간이 넉넉하게 남은 때였지만 발성을 크게 하고 싶다며 미리 배워 보고 싶다는 것이었죠. 그러면서 자신의 이야기를 시작했습니다. 남중, 남고를 다니면서 주변 친구들과의 체격 차이가 커서 스트레스가 심했고 더욱이 목소리까지 작다 보니 더 위축된다는 것이었는데요.

이러한 콤플렉스를 고치기 위해, 평소 일부러 크게 말하고, 수시로 노래방에 가서 소리 지르는 연습도 했다고 해요. 하지만 이러한 노력은 오히려 목에 피로감을 더 빨리 불러왔고, 한번 목이 쉬면 쉽게 회복되지 않는 결과를 낳았는데요. 작년 임용 2차 수업실연에서도 시작 3분 정도 후 목이 쉬기 시작하면서 시험을 망쳤다고 했습니다.

1 발성은 득음이 아니다

"입안을 넓히고 멀리 소리 내자."

발성은 말 그대로 '소리 내는 것'을 말합니다. 발성을 잘하기 위해서는 앞서 우리가 함께 연습한 모음과 호흡을 정확히 하는 것이 기본이죠. 사실 모음만 제대로 소리 낼 줄 알아도 발성의 80%는 완성됐다고 봐도 무방합니다. 악센트 없이, 소리를 입안에 머금지 않고 밀어내면서, 모음 소리를 낼 수 있다면 발성도 아주 쉽게 터득할 수 있습니다.

그런데 발성이 그렇게 호락호락하지는 않습니다. 바로 발성이라는 말을 들었을 때 유독 사람들이 꽂히는 한 가지 때문입니다. 바로 '크기'인데요. 물론 발성할 때 소리를 크게 내는 것도 중요하지만 소리를 어떻게 크게 내느냐가 더 중요합니다. 대부분은 판소리에서 득음하듯 무작정 소리를 크게 내려 하므로, 듣기에도 말하기에도 안정감 없는 발성을 하게 됩니다.

크게 내기보다는 멀리 내자

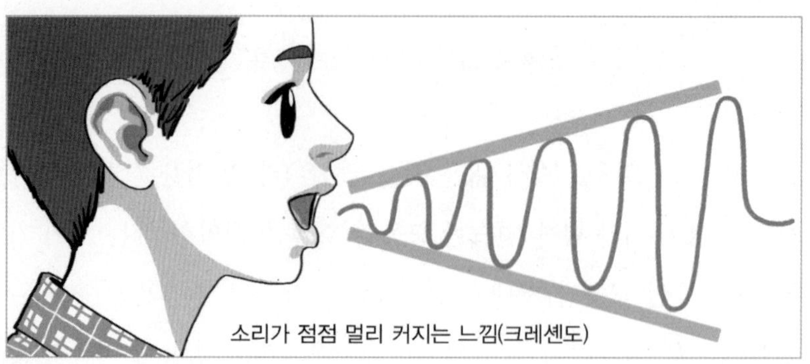

| 그림 22 |

발성할 때 크기에만 집중하면 어떤 문제가 생길까요? 목에 힘을 잔뜩 준 채로 발성하게 되어 금방 목이 아프고 쉬어버릴 수 있는데요. 따라서 발성은 크게 하는 것보다 멀리 낸다는 생각으로 하는 것이 중요합니다.

발성을 크게 낸다고 생각하면 성대와 목 주변의 근육을 발성 초반부터 쥐어짜는 경우가 많지만, 멀리 낸다는 생각으로 발성하면, 점진적으로 소리가 커지면서 상대적으로 목의 부담도 줄어듭니다.

소리를 멀리 내는 것은 '점점 크게'라는 뜻의 '크레셴도'의 느낌으로 발성하는 것을 말하는데요. '크레셴도'로 소리 내기 위해서는 발성 초반에 소리가 아니라 호흡부터 뱉는 것이 중요합니다. 호흡을 먼저 뱉고 연이어 소리를 점점 밀어내는 것이죠.

초반에 호흡을 뱉는 것이 어렵다면 깊은 한숨을 떠올리면 훨씬 편합니다. 깊은 한숨을 쉬듯 호흡을 먼저 뱉고 이후 점점 밀어내다 보면 소리가 자연스럽게 커지죠. 이렇게 '크레셴도' 형식의 멀리 내기 발성은 소리를 안정적으로 커지게 하면서도 목 아픔도 줄일 수 있습니다.

울림을 주려면 입안의 모양을 세팅하자

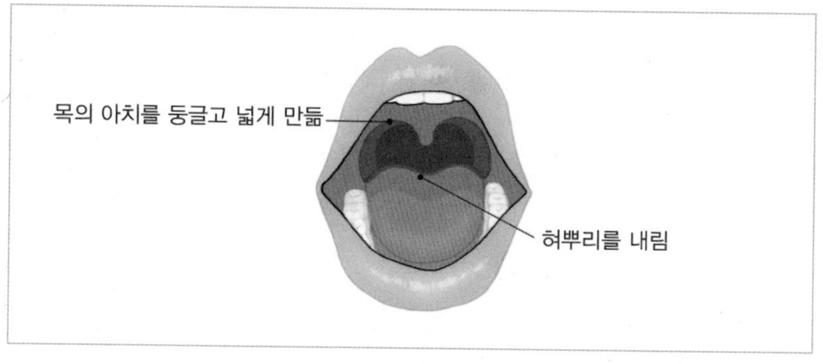

| 그림 23 |

큰 발성을 위해 호흡을 세게 뱉으면서 소리를 멀리 내는 것만큼 중요한 것이 또 한 가지 있습니다. 바로 좋은 소리를 내기 위한 조건이 마련되어 있어야 한다는 점인데요. 조건이 갖추어져 있지 않다면 울림의 효과가 급감하게 됩니다.

가장 중요한 조건은 입 크기인데요. 성대의 진동으로 만들어진 소리는 입안에서 공명(울림)을 만들면서 증폭됩니다. 그런데 입 공간이 좁다면 소리가 증폭되지 않죠. 소리의 울림을 극대화하기 위한 입의 크기는 크게 두 가지로 나누어 이해할 수 있습니다.

첫 번째는 턱을 내려서 입을 크게 벌리는 것입니다. 단순히 입을 크게 벌리는 것이 아니라, 턱을 확실히 내려 소리가 울릴 수 있는 물리적 공간을 확보해 주는 것이 중요하죠.

두 번째는 혀뿌리를 내리는 것입니다. '각'이라는 소리를 다 같이 내볼까요? '각'을 소리 내면 목구멍이 막히는 느낌이 들 텐데요. 바로 혀뿌리가 목구멍을 막기 때문입니다.

목구멍은 성대의 진동으로 만들어진 소리가 입안에 들어와 처음 울리기 시작하는 부분인데요. 혀뿌리를 내림으로써 진동할 수 있는 공간이 처음부터 크게 확보되어 있다면, 훨씬 공명이 잘 생깁니다. 하지만 혀뿌리는 우리가 잘 느낄 수 없는 부분이라 혀뿌리를 내리는 것이 쉬운 일이 아닌데요. 그래도 방법은 있습니다.

혀뿌리를 내리는 방법

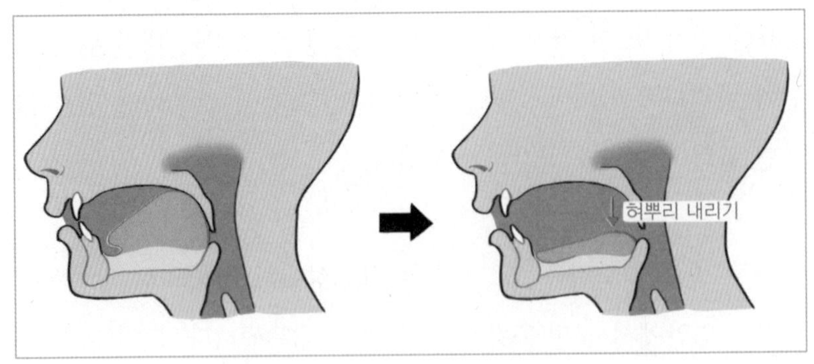

| 그림 24 |

입을 살짝 벌린 상태에서 '거' 소리를 연속해서 내봅니다. '거, 거, 거, 거, 거' 이렇게 연속으로 내보면 '거' 소리를 낼 때마다 입 안쪽이 막히는 느낌이 들지 않나요? 이는 바로 혀뿌리가 들렸다가 내려왔다가 하기 때문입니다.

'거'를 발음할 때, 처음에는 목구멍이 막히는 느낌이 들었다가 이내 아래로 툭 떨어지듯 내려갑니다. 이것이 바로 혀뿌리의 움직임이죠. '거' 외에 '구', '고' 등도 혀뿌리를 내리는 음이지만 '거'가 평소 말할 때 가장 무난하게 내릴 수 있는 범주이기 때문에 '거'로 혀뿌리를 내리는 연습을 하면 좋습니다.

❷ 입술을 간지럽히자

"무작정 입을 벌려 소리 내지 말고, 진동부터 느끼자."

호흡을 활용해 소리를 밀면서도 공명까지 주는 연습을 본격적으로 해보겠습니다. 발성 기초 훈련으로 가장 좋은 것은 바로 '허밍 훈련'인데요. 허밍은 소위 콧노래를 흥얼거리는 것을 말합니다. 좋은 발성을 위해서는 허밍의 방식에 약간의 차이를 두어 연습해야 하는데요. 그러면 허밍을 어떻게 연습하면 좋을까요?

우선, 입으로 공기를 크게 마신 후, '어'를 발음하듯 혀뿌리를 내려 입안의 공간을 넓힙니다. 다음으로, 입으로 공기를 살짝 뺀 후 바로 입술을 다물고 '흠~' 소리를 냅니다. 이때, 일부러 소리를 세게 내려고 목에 힘을 주지 않는 것이 중요합니다. 그리고 코로 소리를 내지 말고 입으로 내려고 하는 것도 필요하죠. 톤이 높다면 살짝 낮춰주는 것도 필요합니다.

이렇게 '흠~'으로 허밍 했을 때 혹시 진동(떨림)이 느껴지시나요? 진동(떨림)이 느껴진다면 위치가 어디인가요? 코, 입 뒤쪽, 목, 가슴 등 다양할 것입니다. 어느 부위든 진동은 다 올 수 있지만, 입술에 진동이 느껴져야 한다는 점이 가장 중요한데요.

소리가 최종적으로 나가는 곳은 입술입니다. 입안에서 만들어진 진동이 입술로 전달되지 않는다면, 공명은 물론 발성이 현재 제대로 되고 있지 않다는 뜻이죠. 즉, 목에 힘을 많이 줘 높은 톤으로 허밍을 했거나, 호흡을 세게 못 뱉거나, 힘주어 밀어내지 않으면 입술에서 진동을 느낄 수 없습니다.

 # 허밍 집중 연습 ❶

흠(ㅎ으음)~

힘(ㅎ이임)~

헴(ㅎ에엠)~

햄(ㅎ애앰)~

험(ㅎ어엄)~

함(ㅎ아암)~

Tip

- 먼저 'ㅎ'으로 공기를 뱉어낸 다음, 소리를 이어 내자.
- 공기가 나오기 전, 소리가 먼저 나오지 않게 주의하자.
- 공기를 세게 뱉어 내는 느낌으로 가능한 한 유지하자.

허밍 연습을 통해 입술 진동을 느낄 수 있다면, 이제 발성으로 연결할 차례입니다. 허밍 연습은 입술을 닫은 상태라 진동만 느낄 수 있는데요. 똑같이 허밍으로 진동을 준 다음 턱을 내려서 '아' 소리를 내봅시다. 자연스럽게 진동(공명)이 담긴 목소리가 표현됩니다.

허밍 집중 연습 ❷

흠(ㅎ으음)~ (턱 내리기) 아~

힘(ㅎ이임)~ (턱 내리기) 아~

헴(ㅎ에엠)~ (턱 내리기) 아~

햄(ㅎ애앰)~ (턱 내리기) 아~

험(ㅎ어엄)~ (턱 내리기) 아~

함(ㅎ아암)~ (턱 내리기) 아~

Tip 턱을 내릴 때 톤이 높아지지 않도록 주의하자.

공기를 세게 뱉어 내면서 공명을 주기 시작했다면, 이제 입술을 닫지 않고 바로 'ㅎ' 자음으로 발성 연습을 할 차례입니다. 'ㅇ' 모음으로 발성할 경우, 호흡을 활용하지 않고 기존처럼 목에 힘을 주어 발성하는 경우가 많은데요.

'ㅎ' 자음은 음의 특성상 공기를 세게 뱉어 내므로, 공기를 활용해 발성하기 좋은 음입니다. 공기를 먼저 뱉고, 이후 소리가 역전되어 점점 크게 멀리 나아갈 수 있도록 연습해야 합니다.

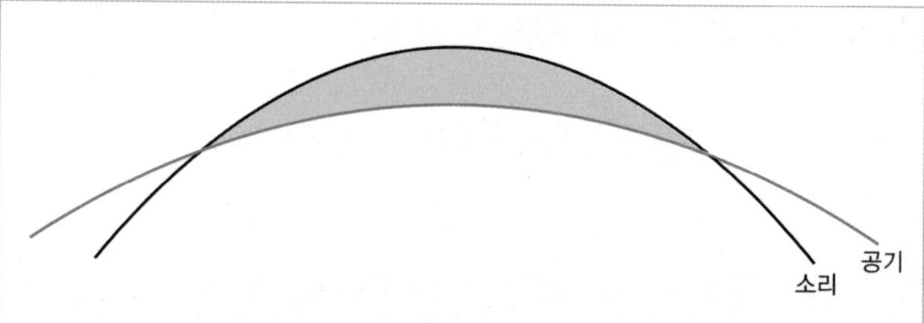

- 공기를 먼저 뱉고, 소리가 역전될 수 있게 연습하자.
- 크레셴도(점점 크게) 후, 데크레셴도(점점 작게)로 마무리하자.

| 그림 25-1 |

허밍 집중 연습 ❸

히~ / 헤~ / 해~ / 하~ / 흐~ / 허~ / 후~ / 호~

Tip 1초, 2초, 3초, 5초 그리고 10초까지 포물선을 그리듯 점점 멀리 소리 내는 느낌으로 길이감을 늘려가면서 연습하자.

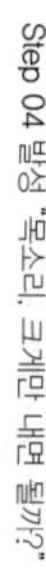

③ 거센소리로 공기를 세게 뱉어내자

"공기가 밀려 나오는 것을 느끼며 소리 낸다."

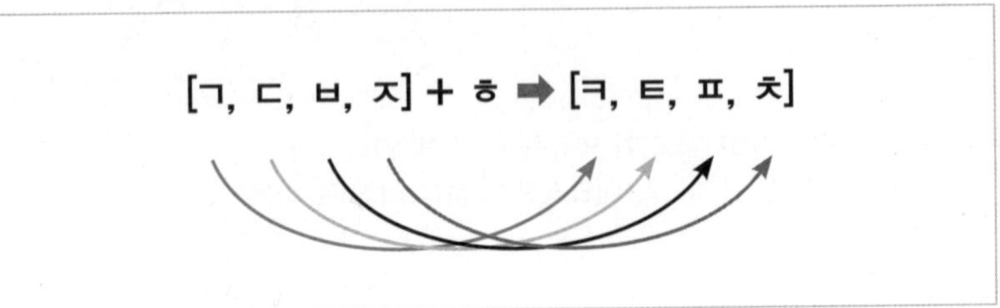

| 그림 25-2 |

명확한 발성을 위해서는 '거센소리' 발성 연습을 하면 좋습니다. 거센소리란 자음 'ㅋ, ㅌ, ㅍ, ㅊ'을 말하는 것으로 '격음'이라고도 부르는데요. 이런 거센소리는 공기를 세게 뱉어 내야 하는 특성이 있습니다.

그래서 공기를 활용해 소리를 강하게 밀어내는 연습과 공기를 강하게 뱉어 내면서 발생하는 모음 소리의 톤 높아짐을 조절하는 연습에도 최적화된 글자인데요. 따라서 발성이 약하다면 반드시 거센소리 발성부터 정복해야 하죠.

'가'와 '카'를 번갈아서 소리 내보겠습니다. '가'에 비해서 '카'가 훨씬 소리가 거칠다는 느낌을 받을 수 있는데요. 거센소리는 위 그림의 'ㄱ+ㅎ=ㅋ', 'ㄷ+ㅎ=ㅌ', 'ㅂ+ㅎ=ㅍ', 'ㅈ+ㅎ=ㅊ'와 같이 공기가 목청을 지나 마찰을 일으키는, 즉 공기를 많이 뱉어 내야 하는 음인 'ㅎ'과 결합되어 있기 때문입니다. 앞서 허밍 연습을 할 때 'ㅇ'으로 소리 내지 않고 'ㅎ'으로 연습한 것도 공기를 활용하기 위해서였죠.

거센소리로 발성 연습할 때 주의할 점은 톤이 많이 높아지지 않아야 한다는 점이에요. '가'와 '카'를 소리 내보면 '가'에 비해서 '카'의 톤이 훨씬 높게 표현됩니다. 살짝 높아지는 것은 상관없지만 '가'와 '카'의 음높이 차이가 크다면, '카'를 작게 소리 내는 것이 아니라 목에 힘을 풀고, '가'와 '카'의 '아' 모음을 같은 톤으로 내려고 연습해야 하죠.

 # 거센소리 발성 집중 연습

키~, 케~, 캐~, 카~, 크~, 커~, 쿠~, 코~

티~, 테~, 태~, 타~, 트~, 터~, 투~, 토~

피~, 페~, 패~, 파~, 프~, 퍼~, 푸~, 포~

치~, 체~, 채~, 차~, 츠~, 처~, 추~, 초~

Tip 포물선을 그리는 느낌으로 1초, 2초, 3초, 5초 그리고 10초까지 점점 멀리 소리 내는 느낌으로 길이감을 늘려가면서 연습하자.

4 된소리로 힘을 주고 빼는 연습을 하자

"쌍자음에서는 조음기관에 힘을 주고, 모음에서는 힘을 뺀다."

ㄲ	ㄸ	ㅃ	ㅆ	ㅉ

| 그림 25-3 |

발성 연습을 할 때, 가장 어려운 것 중 하나는 목에 힘을 빼는 일입니다. 조음기관에 힘을 주고 발성해야 하는 것은 맞지만, 힘을 너무 많이 준다는 점이 문제인데요. 힘을 줄 때는 주되, 뺄 때는 뺄 줄 알아야 합니다.

혀와 목 등의 조음기관에 힘을 주고 빼는 연습을 통해 소리를 자유자재로 표현할 수 있다면 금상첨화일 텐데요. '된소리' 발성 연습이 그 해답을 줄 수 있습니다.

된소리는 쌍자음 'ㄲ, ㄸ, ㅃ, ㅆ, ㅉ'을 말하는 것으로 '경음'이라고도 부르는데요. 된소리는 입안의 기압과 조음기관의 긴장도가 높다는 특징이 있습니다. 그래서 된소리를 발음해 보면 상당히 많은 힘이 들어간다는 것을 느낄 수 있죠. 그래서 'ㄲ, ㄸ, ㅃ, ㅆ, ㅉ'의 된소리를 낼 때, 처음에는 힘을 주었다가 모음 발음을 할 때 힘을 빼면서 조음 근육의 긴장도를 높이고 낮추는 연습을 동시에 할 수 있습니다.

'가'와 '까'를 번갈아서 소리 내보겠습니다. '가'는 목구멍이 살짝 막혔다가 떨어지면서 '아' 모음의 소리가 이어 나오죠? 반면에 '까'는 어떤가요? '가'에 비해 목구멍을 막는 힘이 훨씬 더 강한데요. 이처럼 된소리를 낼 때는 조음기관에 강하게 힘을 주어야 합니다.

그러나 'ㄲ'에 붙어 있는 모음 '아'를 소리 낼 때는 혀를 아래로 툭 떨어뜨리면서 힘을 빼야 합니다. 그런데 대부분은 된소리를 낼 때 준 힘을 모음 발음할 때 풀지 않죠. 그 결과, 톤이 높아지고, 위로 찌르듯이 소리가 납니다. 따라서 'ㄲ, ㄸ, ㅃ, ㅆ, ㅉ' 된소리에서는 힘을 주되, 모음 소리에서는 힘을 빼면서 밀어내는 훈련이 필요합니다.

 # 된소리 발성 집중 연습

끼~, 께~, 깨~, 까~, 끄~, 꺼~, 꾸~, 꼬~

띠~, 떼~, 때~, 따~, 뜨~, 떠~, 뚜~, 또~

삐~, 뻬~, 빼~, 빠~, 쁘~, 뻐~, 뿌~, 뽀~

씨~, 쎄~, 쌔~, 싸~, 쓰~, 써~, 쑤~, 쏘~

찌~, 쩨~, 째~, 짜~, 쯔~, 쩌~, 쭈~, 쪼~

Tip

· 포물선을 그리는 느낌으로 1초, 2초, 3초, 5초 그리고 10초까지 점점 멀리 소리 내는 느낌으로 길이감을 늘려가면서 연습하자.
· 모음 발음 시, 혀를 아래로 툭 떨어뜨려 조음기관의 힘 풀림을 느끼자.

5 다양한 자모음과 받침으로 연습하자

"'아~' 연습만 하지 말고, 다양한 자모음과 받침을 붙여 연습한다."

발성 훈련을 열심히 했는데 정작 답변할 때 제대로 적용되지 않아 고민하는 사람들이 많습니다. 즉, 발성만 잘하는 사람이 되는 것이죠. 답변 시 발성 훈련 적용이 제대로 안되는 이유는 대부분 'ㅇ'과 '아' 모음으로만 훈련하기 때문인데요.

입을 크게 벌리는 습관을 들이고 목소리에 공명을 주기 위해 'ㅇ'과 '아' 모음으로 발성하는 것이 기본이기는 합니다. 하지만 우리가 실제 시험에서 답변할 때는 여러 가지의 자음과 모음을 구사하는 것은 물론, 받침도 정말 많이 발음하는데요.

우선, 자음 'ㄱ', 'ㄷ', 'ㅂ'과 같은 '파열음'이 문제가 됩니다. 파열음은 파열이라는 뜻 그대로 막혔다가 터지는 소리를 의미하는데요. 'ㅇ'과 '아'는 조음기관의 어떠한 방해도 없이 자연스럽게 소리가 나오지만, 파열음은 혀·입술 등 조음기관이 소리를 한 번 막았다가 터뜨리면서 냅니다.

파열음은 혀나 입술 등에 힘을 주어 소리가 나가는 길을 한 번 막았다가 터뜨리면서 소리 내다 보니, 답변 중간에 'ㄱ', 'ㄷ', 'ㅂ'이 나오면 해당 소리에 힘을 바짝 줄 확률이 높습니다. 그 결과, 소리의 질이 떨어지는 것이죠.

그리고 발성의 기본은 모음인데요. '받침'이 있는 경우, 이 모음을 못 밀거나 안 밀어내는 경우도 많습니다. 예를 들어, '각'이라는 글자에서 '아' 모음을 밀지 않고 받침 발음을 한다면 먹는 소리가 납니다. 받침이 있으면 '각'이 아니라 '가악'의 형태로 항상 모음을 밀어낸 후 받침을 붙이는 순서로 연습해야 합니다. 이렇듯 '모음 밀고 받침 붙이자!'를 항상 생각하면서 소리 내야 합니다.

마지막은 이중모음인데요. '이'로 시작하는 이중모음 그리고 '우'나 '오'로 시작하는 이중모음의 경우, 두 번째 모음을 잘 밀어낸다면 좋은 발성을 빨리 습득할 수 있습니다.

가령, '갸'는 '기+아'로 소리 내야 하는데, '기' 소리도 분명 발음해야 하지만 뒤에 있는 '아' 음을 밀어내야 정확하게 들립니다. 항상 '끝모음 밀기!'를 기억하세요. 이중모음에서는 두 번째 모음이 끝모음입니다.

자음 + 단모음 발성 집중 연습

가~, 나~, 다~, 라~, 마~, 바~, 사~, 아~, 자~, 차~, 카~, 타~, 파~, 하~

거~, 너~, 더~, 러~, 머~, 버~, 서~, 어~, 저~, 처~, 커~, 터~, 퍼~, 허~

고~, 노~, 도~, 로~, 모~, 보~, 소~, 오~, 조~, 초~, 코~, 토~, 포~, 호~

구~, 누~, 두~, 루~, 무~, 부~, 수~, 우~, 주~, 추~, 쿠~, 투~, 푸~, 후~

개~, 내~, 대~, 래~, 매~, 배~, 새~, 애~, 재~, 채~, 캐~, 태~, 패~, 해~

그~, 느~, 드~, 르~, 므~, 브~, 스~, 으~, 즈~, 츠~, 크~, 트~, 프~, 흐~

기~, 니~, 디~, 리~, 미~, 비~, 시~, 이~, 지~, 치~, 키~, 티~, 피~, 히~

Tip

· 포물선을 그리는 느낌으로 1초, 2초, 3초, 5초 그리고 10초까지 점점 멀리 소리 내는 느낌으로 길이감을 늘려가면서 연습하자.

· 모음이 두 개 있다는 생각으로 밀어내자.

자음 + 이중모음 발성 집중 연습

갸~, 냐~, 댜~, 랴~, 먀~, 뱌~, 샤~, 야~, 쟈~, 챠~, 캬~, 탸~, 퍄~, 햐~

겨~, 녀~, 뎌~, 려~, 며~, 벼~, 셔~, 여~, 져~, 쳐~, 켜~, 텨~, 펴~, 혀~

교~, 뇨~, 됴~, 료~, 묘~, 뵤~, 쇼~, 요~, 죠~, 쵸~, 쿄~, 툐~, 표~, 효~

규~, 뉴~, 듀~, 류~, 뮤~, 뷰~, 슈~, 유~, 쥬~, 츄~, 큐~, 튜~, 퓨~, 휴~

과~, 놔~, 돠~, 롸~, 뫄~, 봐~, 솨~, 와~, 좌~, 촤~, 콰~, 톼~, 퐈~, 화~

궈~, 눠~, 둬~, 뤄~, 뭐~, 붜~, 숴~, 워~, 줘~, 춰~, 쿼~, 퉈~, 풔~, 훠~

귀~, 뉘~, 뒤~, 뤼~, 뮈~, 뷔~, 쉬~, 위~, 쥐~, 취~, 퀴~, 튀~, 퓌~, 휘~

괘~, 놰~, 돼~, 뢔~, 뫠~, 봬~, 쇄~, 왜~, 좨~, 쵀~, 쾌~, 퇘~, 퐤~, 홰~

Tip 이중모음의 두 번째 모음 밀어내기에 신경 쓰자.

자음 + 단모음 + 받침 발성 집중 연습

가~악, 거~언, 구~운, 고~올, 그~음, 기~입, 개~앵

너~억, 누~운, 노~온, 느~을, 니~임, 내~앰, 나~앙

두~욱, 도~온, 드~은, 디~임, 대~앰, 다~악, 더~엉

로~옥, 르~은, 리~인, 래~앨, 라~암, 러~업, 루~웅

므~윽, 미~인, 매~앤, 마~알, 머~엄, 무~웁, 모~옹

비~익, 배~앤, 바~안. 버~얼, 부~움, 보~옵, 브~응

새~액, 사~안, 서~언, 수~울, 소~옴, 스~읍, 시~입

아~악, 어~언, 우~운, 오~올, 으~음, 이~입, 애~앵

저~억, 자~안, 주~운, 즈~을, 지~임, 재~앱, 조~옹

추~욱, 초~온, 츠~은, 치~일, 채~앰, 차~압, 처~엉

코~옥, 크~은, 키~인, 캐~앨, 카~암, 커~업, 쿠~웅

트~읔, 티~인, 태~앤, 타~알, 터~엄, 투~웁, 토~옹

피~익, 패~앤, 파~안, 퍼~얼, 푸~움, 포~옵, 프~응

해~액, 하~안, 허~언, 후~울, 호~옴, 흐~읍, 히~잉

Tip

· 모음을 반드시 밀어내고 받침을 붙이자.
· 다양한 모음을 결합해서 연습하자.

핵심 요약정리

1. 입을 크게 벌리고 멀리 밀어내는 크레센도 느낌으로 발성 연습을 하자.
2. 허밍을 통해 입술의 진동을 강하게 줄 수 있어야 발성의 기본이 잡힌다.
3. 거센소리로 공기 뱉기를, 된소리로 조음기관의 힘을 주었다 빼기를 연습하자.
4. '아'에만 집착하지 말고 다양한 자모음으로 발성 연습을 하자.

사이다 보이스

내용 전달하기

STEP 05 자음 “지적인 이미지는 한 끗 차이?”

STEP 05 # 자음

"지적인 이미지는 한 끗 차이?"

2020년 임용 2차 시험 한 달을 앞두고 한 역사 임용 준비생의 발음교정 수업을 진행한 적이 있습니다. 임용고시 3년 차였던 그는 2차 시험은 처음인 데다 서른 살이란 늦은 나이 탓에 한 번에 합격하려는 마음을 가지고 있었죠. 그런데 이 친구에게는 한 가지 큰 문제가 있었습니다. 바로 'ㄹ' 발음이 아예 안 되는 것이었는데요. 스터디를 할 때, 아무리 답변을 잘해도 스터디원들의 피드백은 항상 같았습니다. "발음이 정확하지 않아서 이해가 잘 안 돼요." 스스로 너무 잘 알고 있는 문제이기도 했지만, 계속된 'ㄹ' 발음 피드백에 초조함은 커져 갔는데요.

완벽하지는 않아도 어느 정도는 교정하고 싶다는 생각에 시험 전날까지 매일 밤낮으로 연습을 했습니다. 그 결과, 평생 교정하기 힘들다고 생각했던 'ㄹ' 발음의 정확도가 80% 이상 높아졌고, 컷에 가까운 1차 성적이었지만 2차 시험에서 역전에 성공했습니다.

❶ 전달자로서의 역량을 보여주는 '자음'

임용 2차 시험에서는 또렷하고 분명한 목소리 표현만큼, 내용을 정확하게 전달하는 것도 중요합니다. 선생님이 갖추어야 할 여러 모습 중에서 학생들에게 학습 내용을 얼마나 정확하게 전달하는지, 즉 가르치는 내용의 전달력이 면접과 수업실연에서 평가 요소가 되기 때문인데요. 내용을 정확하게 전달하려면 무엇보다 '자음' 발음을 사수해야 합니다.

자음은 글자의 초성과 종성(받침)으로 사용하는 글자입니다. 단자음은 'ㄱ'부터 'ㅎ'까지 14개이고, 쌍자음 'ㄲ, ㄸ, ㅃ, ㅆ, ㅉ' 5개를 더하여 총 19개인데요. 한국어 자음은 조음기관의 물리적·기능적 문제만 없다면 누구나 단시간에 빠르게 교정할 수 있습니다.

각 자음에는 정확한 모양과 형태가 있어 형성원리와 모양만 잘 이해해도 어떻게 발음해야 하는지 쉽게 알 수 있기 때문입니다. 또한, 각 자음의 위치가 제각각인 것이 아니라 위 그림처럼 비슷한 모양의 자음끼리 묶여 있어 대표음만 기억하면 쉽게 자음 발음 정복이 가능하죠.

초성과 종성 모두 중요하지만, 지원자의 명석함 등을 평가위원에게 어필하기 위해서는 특히 '받침'으로 사용되는 자음을 정확하게 발음해야 해요. 초성 발음을 못하는 사람은 드물지만, 자음이 받침으로 사용될 때는 대부분이 정확한 발음을 구사하지 못합니다.

수직으로 힘 있게 닿아야 한다

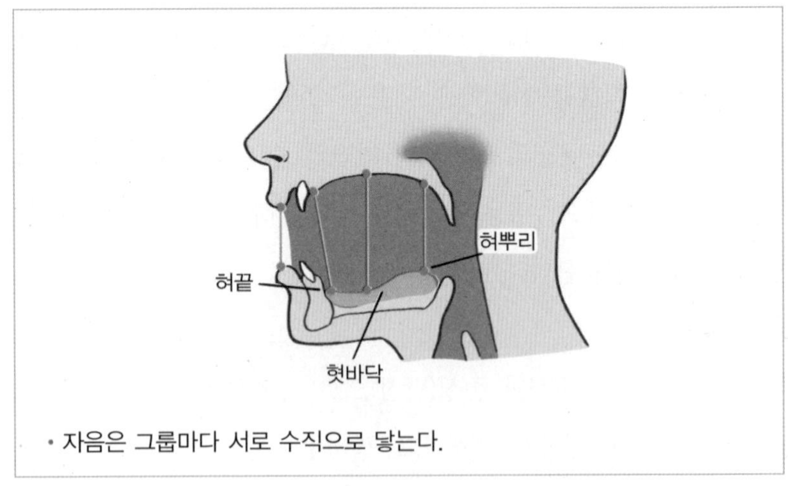

• 자음은 그룹마다 서로 수직으로 닿는다.

| 그림 26 |

자음은 우리말로 '닿소리'라고 합니다. '닿'과 '소리' 사이에 하나 빠진 글자가 있는데요. 바로 '는'입니다. 즉, 자음은 '닿는 소리'를 뜻하는데요. 말할 때 입술이나 혀 등이 어딘가에 닿는 느낌이 들지 않으면, 정확하게 발음하고 있지 않다는 뜻입니다.

혀, 입술 등의 조음기관이 닿아서 소리가 만들어지는 지점을 '조음점'이라고 하는데요. '조음점'에 대하여 확실히 이해만 하고 있어도 발음은 쉽게 정복이 가능합니다.

추가적으로 조음기관이 서로 닿을 때 힘 있게 닿아야 한다는 점을 기억해야 하는데요. 힘 있게 닿지 않으면 전달력이 부족한 느낌을 줄 수 있습니다.

그렇다면 무엇이 어디에 닿는 것일까요? 우리말 자음은 총 다섯 곳에서 소리가 납니다. 첫째, 입술과 입술이 닿는 '입술소리', 둘째, 혀끝이 윗니 뒤쪽에 닿는 '혀끝소리', 셋째, 혓바닥이 입천장에 닿는 '혓바닥소리', 넷째, 혀뿌리가 목구멍에 닿는 '혀뿌리소리', 마지막으로 성대가 서로 닿는 '목청소리'가 그것인데요.

이렇게 말하면 다소 이해하기 어렵죠? 자, 딱 하나만 기억하시면 됩니다. "서로 '수직'으로 닿는다." 좌측 그림을 같이 봅시다.

먼저 '입술소리'는 입술 위아래가 서로 수직으로 닿기에 크게 무리 없이 이해가 가능합니다. 다만, 다음의 '혀끝소리'부터 '혓바닥소리', '혀뿌리소리'는 혀를 상세히 이해할 필요가 있는데요.

〈그림 26〉처럼 혀는 크게 세 부분으로 나눌 수 있습니다. 혀의 가장 앞부분인 혀끝, 혀의 중간 부분인 혓바닥, 그리고 우리가 잘 느끼지 못하는 가장 안쪽 부분인 혀뿌리가 있는데요.

혀끝에서 수직으로 선을 그으면 윗니 뒤쪽에 닿습니다. 그리고 혓바닥에서 수직으로 선을 그으면 입천장에 닿고요. 마찬가지로 혀뿌리에서 수직으로 선을 그으면 목구멍에 닿죠. 이렇게 수직으로 닿는다는 것만 알아도 자음 발음 이해는 훨씬 편합니다.

Tip 일반적으로 양순음(=입술소리), 치조음(=혀끝소리), 경구개음(=혓바닥소리), 연구개음(=혀뿌리소리), 성문음(=목청소리)으로 표현하나, 이해를 돕기 위해 용어를 바꾸어 설명합니다.

입술을 붙이는 '입술소리(양순음)'

"입술을 힘 있게 붙여준다."

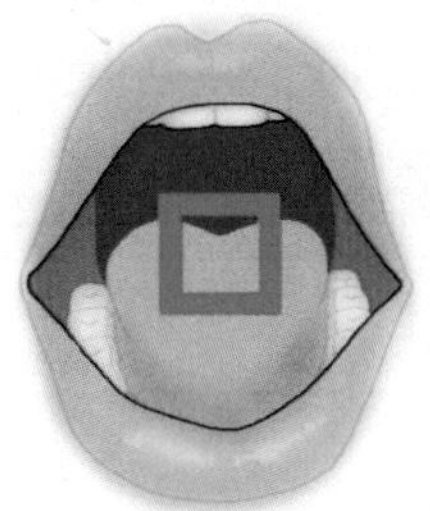

• 입술이 벌어진 모양을 본떠 만든 입술소리(양순음) 'ㅁ, ㅂ, ㅍ, ㅃ'

| 그림 27 |

먼저 알아볼 자음은 '입술소리(양순음)'입니다. 한자 '입 구(口)'의 모양과 한글 자음 'ㅁ'의 모양이 같죠? 이처럼 입이 벌어진 모양을 본떠 'ㅁ' 글자가 만들어졌는데요. 'ㅁ'은 어떤 자음들과 한 묶음일까요? 바로 'ㅁ, ㅂ, ㅍ, ㅃ'의 4개 자음입니다.

'ㅁ'에 획을 더한 'ㅂ', 거센소리 'ㅍ' 그리고 된소리 'ㅃ'을 발음할 때 반드시 입술이 붙어야 합니다. '마, 바, 파, 빠'를 소리 내보면 계속해서 입술이 붙는 것을 느낄 수 있죠. 특히, 'ㅁ, ㅂ, ㅍ'이 받침으로 사용될 때는 반드시 입술을 붙여줘야 정확한 소리 표현이 가능해집니다.

모음을 잘 밀어내야 하는 'ㅂ, ㅍ' 받침

입술소리 'ㅂ'과 'ㅍ'을 받침으로 사용할 경우, 모음을 확실히 밀고 입술을 붙여주는 것이 좋습니다. 'ㅂ'과 'ㅍ'은 입술을 붙여서 소리를 중간에서 끊어버리기 때문에 성급하게 소리 내다가는 음 자체를 먹어버리는 경우가 많은데요. 모음을 민 다음, 차례로 입술을 붙여서 'ㅂ'과 'ㅍ'을 발음해야 하죠. 모음을 밀기 전에 입술을 붙이지 않도록 주의해야 합니다.

또한, 서술어를 처리할 때 마치 "했습니답", "합니답"처럼 들리게 답변하는 수험생들이 있습니다. 답변이 끝나거나 문장을 마친 후 웃는 모습을 보이려고 입술을 너무 빨리 붙이기 때문인데요. 따라서 문장을 마무리할 때, 소리까지 확실히 끝내고 나서 입술을 붙여야 합니다. 사실 답변 중에는 서술어를 처리하고 입술을 붙이지 않아도 됩니다.

 # 입술소리 'ㅁ, ㅂ, ㅍ, ㅃ' 집중 연습

담임, 임용, 함양, 감각, 심각, 경험중심, 감격, 범교과적, 참고, 점검

수업, 통합교육, 업무분장, 직업, 협업, 습관, 출입구, 학습, 접근, 도입

파랑, 품평, 폼페이, 푸줏간, 평평, 팔팔, 판단력, 문제 풀이, 학교폭력

뽀빠이, 뿌리, 뽀삐, 빰, 뻐꾸기, 빼빼로, 뼈, 삐침, 뽀뽀뽀, 빠름

혀끝을 윗니 뒤쪽에 붙이는 '혀끝소리(치조음)'

"혀끝을 윗니 뒤에 힘 있게 붙여준다."

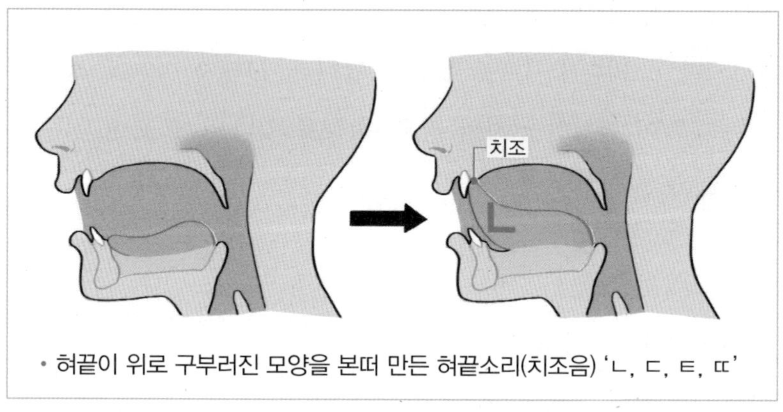

• 혀끝이 위로 구부러진 모양을 본떠 만든 혀끝소리(치조음) 'ㄴ, ㄷ, ㅌ, ㄸ'

| 그림 28 |

19개의 자음 가운데 사용 빈도가 가장 높지만, 실수도 가장 많은 자음 그룹! 지금부터 살펴볼 '혀끝소리'인데요. 위 그림을 보시면, 혀끝을 위로 들어 윗니 뒤쪽의 치아와 잇몸의 경계 부위인 '치조'에 닿게 하려면 혀의 모양이 위로 구부러져야 하죠? 이렇게 혀끝이 위로 구부러진 모양을 본떠 만든 글자가 바로 'ㄴ'입니다.

혀끝소리는 대표음 'ㄴ'에 획을 더한 'ㄷ', 거센소리 'ㅌ', 된소리 'ㄸ' 총 4가지인데요. '나, 다, 타, 따'를 소리 내보면 혀끝이 계속해서 윗니 뒤쪽에 닿는 것을 느낄 수 있습니다. 그러니 'ㄴ, ㄷ, ㅌ, ㄸ'를 소리 낼 때는 반드시 혀끝을 윗니 뒤에 힘 있게 붙여줘야 합니다.

욕심이 많은 자음 'ㄷ'

혀끝소리 'ㄴ, ㄷ, ㅌ, ㄸ' 가운데 유독 발음 시 쓰임이 다양한 글자가 있는데요. 바로 'ㄷ'입니다. 지금부터 나올 7개 글자를 한번 읽어보죠. '낫, 났, 낮, 낯, 낟, 낱, 낳' 이 글자들은 표기 방식은 모두 다르지만, 소리는 [낟]으로 똑같이 납니다. 그래서 'ㅅ, ㅆ, ㅈ, ㅊ, ㄷ, ㅌ, ㅎ'이 받침인 글자의 경우, 혀끝을 윗니 뒤에 붙여 'ㄷ'으로 소리 내야 합니다.

 # 혀끝소리 'ㄴ, ㄷ, ㅌ, ㄸ' 집중 연습

교원, 신규, 한복, 선발, 건강, 관점, 간과, 준비,
연계, 전문성, 선생님, 혁신교육, 환경, 관찰

받침, 숟가락, 반짇고리, 곧장, 걷잡다, 돋보기,
빗질, 씨앗, 버섯, 찢고, 갖고, 맞고, 빛깔

같음, 붙박이, 타령, 토지, 감태, 토렴, 토끼,
타이어, 타잔, 티셔츠, 토마토, 탁자, 태극기

땀샘, 똬리, 뚜벅뚜벅, 땅끝, 떨이, 따개비,
딱딱, 따뜻, 땅콩, 떡국, 떡볶이, 메뚜기, 뚜껑

④ 닿는 위치가 다른 혀끝소리 'ㄹ'

"혀를 수직으로 말아 올려 입천장에 붙인다."

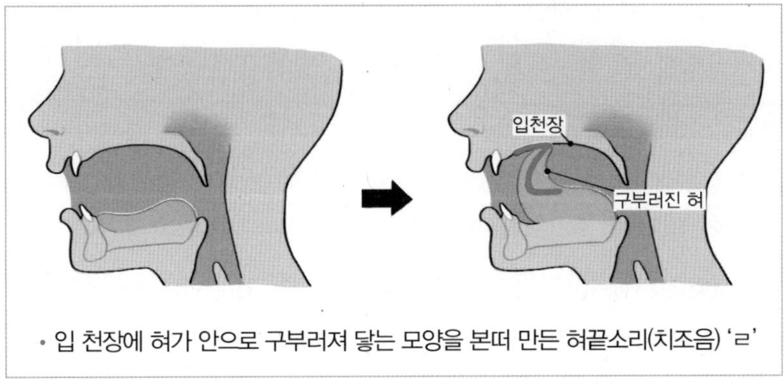

• 입 천장에 혀가 안으로 구부러져 닿는 모양을 본떠 만든 혀끝소리(치조음) 'ㄹ'

| 그림 29 |

혀끝소리는 하나의 묶음인 'ㄴ, ㄷ, ㅌ, ㄸ' 외에도 세 가지가 더 있는데요. 그중 하나가 바로 'ㄹ'입니다. 'ㄹ'은 혀끝을 수직으로 들어 올려, 윗니 뒤에 닿게 하는 'ㄴ, ㄷ, ㅌ, ㄸ'과는 위치가 다른데요. 다음 글자들을 같이 읽어보겠습니다.

난, 날, 란, 랄

어떤가요? 'ㄴ'은 윗니 뒤에 닿지만 'ㄹ'은 혀끝이 안으로 살짝 말리면서 입천장에 닿지 않나요? 이렇게 'ㄹ'은 혀끝이 윗니 뒤가 아니라 입천장에 닿는 음입니다.

'ㄹ' 발음이 부정확해지는 이유

여러 자음 가운데 유독 발음이 까다로운 한 가지를 고르자면 단연 'ㄹ'입니다. 혀의 움직임이 상당히 큰 음이라 다른 음처럼 혀를 적게 움직이면 아예 'ㅇ'처럼 들리면서 의미 전달에 상당한 왜곡을 불러일으킬 수 있는데요. 그렇다면 'ㄹ' 발음을 부정확하게 만드는 요인은 어떤 것들이 있을까요?

첫째, 입안이 좁기 때문입니다. 다른 자음은 입안의 공간을 크게 하지 않아도 대부분 정확한 위치에 닿을 수 있는 정도의 움직임을 가지고 있습니다. 하지만 'ㄹ'은 혀로 입천장을 만질 때처럼, 혀 자체를 수직으로 끌어올린 후 혀끝을 안쪽으로 살짝 말아서 입천장에 닿게 해야 하는데요. 혀 전체를 수직으로 끌어올리려면 공간적 여유가 있어야 합니다.

그런데 우리는 평소 입을 너무 벌리지 않고, 복화술 하듯 말합니다. 키가 2m인 사람이 높이 150cm의 건물에 들어가 있다면 허리를 못 펴는 것과 같죠. 그러므로 입안 공간을 확보해야 'ㄹ' 발음도 정확하게 구사할 수 있습니다.

둘째, 너무 앞과 뒤 극단으로 움직이는 경우 때문입니다. 'ㄹ'은 윗니 뒤에 닿아도 소리가 나는데요. 혀끝을 윗니 뒤에 붙여서 내는 소리는 'ㄹ'이 아니라 알파벳 'L' 발음입니다. 반면, 혀끝을 살짝만 말아서 입천장에 대야 하는데 너무 안으로 말아버리면 알파벳 'R' 발음이 되는 것이죠.

특히, 'ㄹ'이 받침으로 쓰일 때 유독 과하게 말아버리는 경우가 많으니 주의해야 합니다. 윗니 뒤도, 완전 안쪽으로 말아버리는 것이 아니라 입천장에 닿게 해야 정확한 'ㄹ' 발음을 구사할 수 있다는 점을 기억하면서 연습해야겠죠?

셋째, 'ㄹ'은 모음에 따라서 조음기관에 닿는 위치가 바뀝니다. 가령, '나', '너', '노', '누'를 발음해 봅시다. 'ㄴ' 뒤에 붙는 모음이 '아', '어', '오', '우' 등 어떤 것이 와도 혀끝은 똑같이 윗니 뒤에 닿습니다. 하지만 'ㄹ'은 초성으로 쓰일 때, 어떤 모음이 뒤에 오느냐에 따라서 조금씩 혀끝이 입천장에 닿는 위치가 달라지는데요.

'라', '러', '로', '루'를 발음해 보면, 각 발음은 거의 비슷하지만 미묘하게 닿는 위치가 달라집니다. 어떤 사람은 완전 다른 위치에 혀를 붙이기도 하죠. 이처럼 'ㄹ'은 위치가 명확히 정해져 있지 않아서 입천장 중간쯤 정도로 발음할 수밖에 없습니다. 그래서 발음하기에 다소 까다로운 면이 있죠.

넷째, 설소대의 영향도 무시할 수 없습니다. 과거 영어 조기교육 열풍이 불면서 자녀가 'R' 발음을 더 잘하게 만들고자 설소대 제거술이 유행하기도 했습니다. 설소대란 혀 아랫면 중간에 붙어 있는 얇은 막인데요. 선천적으로 설소대가 길게 붙어 있으면, 혀를 끌어올리는 데 제약이 발생합니다. 이는 극히 일부의 경우라서 크게 걱정하지 않아도 되지만, 본인이 이런 경우라면 발음 교정 훈련만으로는 한계가 있으니 전문의와 상담이 필요합니다.

혀끝소리 'ㄹ' 집중 연습

라면, 라디오, 자라, 라조기, 신라, 라켓, 내로라, 라벨, 라이선스, 요나라

러시아, 보일러, 러그, 러닝, 스릴러, 러셀, 프로펠러, 러너, 쿨러, 에러

로봇, 로직, 차로, 로큰롤, 회로, 로이터, 경로, 로터리, 벨크로, 로고송

루비, 가루, 루트, 마루, 루틴, 시루떡, 벼루, 마천루, 리우데자네이루

르포, 누아르, 르네상스, 르몽드, 르완다, 리을, 리투아니아, 분리, 자리

발랄, 활달, 살살, 갈대, 과료, 날림, 할랄, 물량, 몰락, 별채, 혈전, 달걀

5 말도 많고 탈도 많은 혀끝소리 'ㅅ, ㅆ'

"치아는 물고 혀끝은 아랫니 뒤에 붙인다."

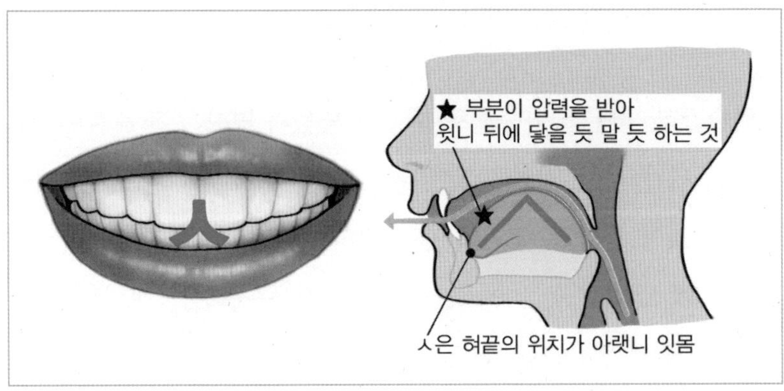

| 그림 30-1, 30-2 |

혀끝소리 마지막 자음은 바로 'ㅅ'과 'ㅆ'입니다. 'ㅅ'과 'ㅆ'은 위쪽 앞니 두 개 사이로 공기가 새어 나오는 모양을 본떠서 만든 글자인데요. 앞니 사이로 공기를 나오게 하려면 혀끝은 어디에 붙어 있어야 할까요? '스~' 소리를 내보면 정답을 찾을 수 있습니다.

'스~' 소리를 내보면 혀끝소리 'ㄴ, ㄷ, ㅌ, ㄸ'과는 달리 혀끝이 윗니 뒤쪽이 아니라 아랫니 뒤쪽, 정확히 말하면 아랫니와 잇몸의 경계 부근에 닿아 있는데요. 'ㅅ'과 'ㅆ'은 혀끝을 아랫니 뒤쪽에 닿게 하고, 혀는 들어서 미끄럼틀 모양으로 만들어야 합니다.

그래야 공기가 윗니 뒤쪽으로 빠지면서 '스~' 소리가 나죠. 혀끝을 들어서 윗니 뒤에 닿게 하든지, 닿을 듯 말 듯 하든지, 혀끝을 들어 올리는 것 자체만으로도 공기가 나가는 길을 혀가 막으면서 '스~' 소리가 나지 않습니다.

입술소리, 혀끝소리 등으로 부르는 묶음의 명칭은 '조음점'이라고 해서 소리가 나는 지점을 말합니다. 절대 혀가 닿는 부위 자체를 말하는 것이 아니죠. 그런데 전문 강사 중 간혹 'ㅅ'과 'ㅆ'이 혀끝을 윗니 뒤에 닿게 하는 'ㄴ, ㄷ, ㅌ, ㄸ'과 같은 치조음으로 분류된다고 해서, 앞서 말씀드린 것처럼 혀를 윗니 뒤에 닿을 듯 말 듯 하면서 소리 내야 한다고 말하기도 하는데요.

이런 설명을 들으면 초심자들은 혀끝을 들고 윗니 뒤에 닿게 해야 하는 것으로 이해하게 되고, 결국 'th'의 지옥에서 빠져나올 수 없게 됩니다. 자세히 살펴보면 〈그림 30-2〉의 '★' 부분이 윗니 뒤에 닿을 듯 말 듯 하는 부분을 말하는 것인데요. "혀가 윗니 뒤에 닿을 듯 말 듯"이라는 설명보다 '혀끝'을 아랫니 뒤에 댄다고 이해하는 것이 시읏 발음교정 시간을 줄여줍니다.

다시 정리해 보겠습니다. 앞니 사이로 공기를 세게 밀어내기 위해서는 혀끝을 아랫니 뒤에 붙입니다. 그리고 'S~' 소리를 내기 위해 혀가 구부러지는 압력으로 혓바닥의 앞부분이 윗니 위쪽에 가까워지는 것! 혓바닥의 앞부분과 혀끝은 다릅니다. 혀끝은 반드시 아랫니 쪽에 붙어 있어야 한다는 점을 꼭 기억해 주세요.

‘ㅅ’과 ‘ㅆ’ 발음이 부정확해지는 이유

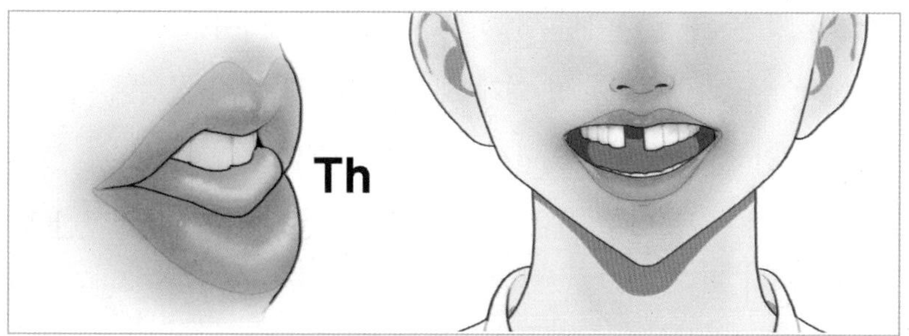

| 그림 30-3, 30-4 |

‘ㅅ’과 ‘ㅆ’을 ‘th’처럼 발음하면, 어린아이가 말하는 듯한 느낌을 주면서 내용의 전문성이 떨어져 보입니다. 또 주변으로부터 놀림을 당하는 경우도 많은데요. 그래서 제대로 확실히 교정할 필요가 있죠. 그렇다면 ‘ㅅ’과 ‘ㅆ’ 발음이 부정확해지는 이유는 무엇일까요?

첫째, 혀의 잘못된 위치 선정 때문입니다. ‘ㅅ’과 ‘ㅆ’ 발음이 새는 사람의 대부분은 혀끝 위치가 잘못되었기 때문인데요. 앞서 말씀드리긴 했지만, 혀끝을 아랫니 뒤에 붙이지 않고 위로 들어 윗니 뒤쪽에 붙이듯 발음하면, 앞니 사이로 공기가 새어 나가지 않아 ‘ㄷ’처럼 들립니다.

또 혀가 들려 혀끝이 치아와 치아 사이에 물리면 우리가 흔히 노홍철 발음이라고 부르는 ‘th’ 발음이 되죠. 그래서 ‘ㅅ’이나 ‘ㅆ’ 발음의 조음점을 정확하게 이해하는 사람들은 혀를 내리라고 말하는데요. 혀끝은 반드시 아래에 위치해야 합니다.

둘째, 구강의 구조적 문제 때문입니다. 치아가 수직 방향으로 나지 않고 안쪽으로 굽어서 나는 '옥니'인 경우, 혀의 움직임이 원활하지 않아 'ㅅ'과 'ㅆ' 발음이 쉽게 새게 되죠. 또 위턱에 비해 아래턱이 너무 안으로 들어가 있어서 윗니와 아랫니 사이의 틈이 큰 경우, 또는 사고 등으로 인해 치아가 빠져 있는 경우도 부정확한 발음의 원인이 되는데요.

위쪽 앞니 두 개 사이로 공기가 집중해서 나가는 것이 아니라 다른 부분에서도 공기가 빠져나가기 때문에 더욱 발음이 새는 느낌이 들죠. 치아가 고르지 않고 틈새가 벌어져 있는 경우도 의도치 않게 시옷 발음이 새는 느낌을 줄 수 있습니다.

셋째, 혀로 치아 측면을 막지 못하기 때문입니다. 미끄럼틀의 측면은 'U'자 모양이죠? 그 이유는 바로 미끄럼틀을 탈 때 옆으로 튕겨 나가지 않도록 하기 위함인데요. 이처럼 공기를 두 앞니 사이로 집중시켜 앞으로 나가게 하려면, 혀의 측면으로 윗니 양 측면 안쪽(윗어금니 안쪽 면)을 막아야 합니다.

혀의 측면으로 안쪽 윗니 양 측면을 다 막지 못하면, 공기가 앞이 아닌 옆으로도 새어 나가면서 전반적으로 공기 소리가 굉장히 세게 들려서 새는 'ㅅ'과 'ㅆ'처럼 발음됩니다.

'ㅅ'과 'ㅆ' 발음 확실히 교정하는 방법

'ㅅ'과 'ㅆ'을 정확히 발음하려면 딱 두 가지만 기억하면 됩니다. 첫째, 치아를 물고 'S~' 소리를 낸다. 둘째, 'S~' 소리를 낸 후 바로 강하게 모음 발음을 소리 낸다. 이 두 가지만 확실히 기억한다면 시옷은 금방 교정될 수 있습니다.

S~ + 아 = 사 / S~ + 어 = 서 / S~ + 우 = 수 / S~ + 오 = 소
S~ + 에 = 세 / S~ + 애 = 새 / S~ + 이 = 시 / S~ + 으 = 스

'ㅅ'과 'ㅆ'을 'th'처럼 발음하는 사람은 대부분 혀끝을 윗니와 아랫니 사이에 위치시켜서 발음하는 경우가 많은데요. 그래서 사전에 치아를 물어서 혀끝이 치아 가운데 위치하는 것을 물리적으로 차단해주면 좋습니다.

치아를 문 후에는 혀끝의 위치를 제대로 잡아야 하죠. 혀끝을 아랫니 뒤에 붙이고 위쪽 두 앞니 사이로 공기를 집중시켜 'S~' 소리를 내야 합니다.

마지막은 모음을 강하게 밀어내는 것인데요. '스~'는 공기일까요? 소리일까요? 'S~'는 소리는 없고 공기만 있습니다. 그래서 공기 'S~'를 소리로 만들어 주는 것이 바로 모음이죠. 'ㅅ'과 'ㅆ'을 제대로 발음하려면 모음을 정확하게 밀어내는 것이 무엇보다 중요합니다.

'ㅅ'과 'ㅆ' 연습 방법

'ㅅ'과 'ㅆ' 발음을 순서에 맞게 연습하면 더 빠른 교정 효과를 볼 수 있습니다. 즉, 모음의 입 벌어짐 정도에 따라 차례로 연습하는 것인데요. 첫째, 치아가 거의 맞닿도록 벌리는 '이'와 '으', 둘째, 손가락 하나 정도의 크기로 벌리는 '에'와 '애', 셋째, 손가락 2~3개를 물 정도로 크게 벌리는 '어'와 '아', 넷째, 혀가 들릴 가능성이 매우 높은 '우'와 '오'입니다.

'ㅅ'과 'ㅆ'은 치아를 무는 것부터 시작하기 때문에 치아를 거의 맞닿게 해서 입을 좁게 벌리는 '이'와 '으'로 연습을 시작하면 훨씬 더 빨리 'ㅅ'과 'ㅆ' 교정 효과를 볼 수 있습니다. 이후 점차 입을 벌려 발음하는 모음을 붙여서 연습하는 것이죠.

마지막에는 입술을 동그랗게 말아 소리 내는 원순모음 '우'와 '오'로 연습하면 좋은데요. '우'와 '오'는 후설모음이므로 혀가 뒤쪽 아래로 빠지는 특징이 있습니다. 그 결과 혀끝을 아랫니에 닿게 하기가 다른 음들에 비해서 다소 어려울 수 있죠. 그래서 이런 순서로 연습하면 더 자연스럽게 'ㅅ'과 'ㅆ' 발음의 교정 효과를 볼 수 있습니다.

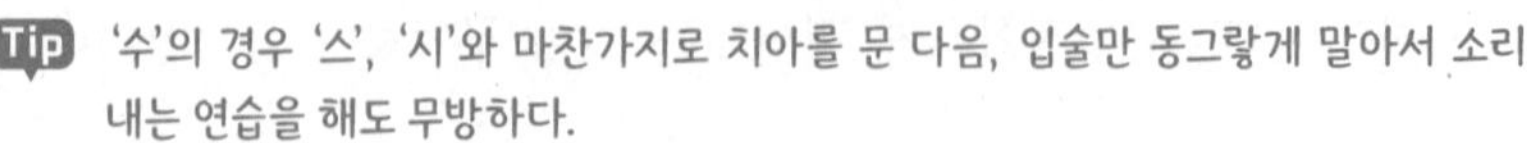

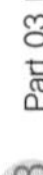

Tip '수'의 경우 '스', '시'와 마찬가지로 치아를 문 다음, 입술만 동그랗게 말아서 소리 내는 연습을 해도 무방하다.

혀끝소리 'ㅅ, ㅆ' 집중 연습 ❶

스시, 스물, 스미스, 스키, 스타, 스트레스,
스케이트, 스위치, 스냅, 스피커, 스노보드

시간, 시가전, 시작, 시장, 시원, 시계,
시월, 시골, 시나리오, 시나브로, 시냅스

샤갈, 샤넬, 샤랄라, 샤머니즘, 샤베트,
샤부샤부, 샤워, 샤케라또, 샤프심, 샤크

셔츠, 셔닐퀼트, 셔터, 셔틀버스, 셔틀콕,
셔링부츠, 셔블웨어, 셔틀벡터, 셔플댄스

세수, 세상, 세계, 세탁, 세기, 세금, 세로,
새벽, 새우, 새로, 새김, 새삼, 새만금, 새터

사람, 사랑, 사이, 사전, 사과, 사장, 사실,
사각사각, 사건, 사고뭉치, 사진관, 사대문

서울, 서기관, 서쪽, 서리, 서로, 서비스, 서양,
서구, 서까래, 서러움, 서먹서먹, 서면, 서촌

수박, 수소, 숫자, 수양, 수건, 수산, 수입, 수학,
수감생활, 수공업, 수국, 수궁가, 수난, 수영장

소금, 소풍, 소주, 소설, 소식, 소문, 소년,
소송, 소비, 소규모, 소화전, 소수결, 소아과

혀끝소리 'ㅅ, ㅆ' 집중 연습 ❷

스튜어디스들이 스트레스 풀기 좋은 도시 1순위로 스위스를 선택했다.

삼성전자 사람들이 삼삼오오 모여 삼성의 상속세를 셈하면서 담소를 나눴다.

산속을 사방으로 산책하던 수사슴이 샘물로 세수하는 장면을 사진에 담았다.

여수의 수산물 전문점 서산집은 점심 식사 시간에 서대가 사시미로 제공된다.

소방서는 사시사철 사건 출동 전에 소방관들이 소화기와 소방복 사전 점검을 실시한다.

사서 선생님이 도서 서가의 수치를 재면서 상담 선생님의 도움을 받고 있다.

사시사철 푸른 소나무의 송송 솟아난 솔방울을 수확하기 위해 사다리를 빌렸다.

샴쌍둥이 미스터 스미스 씨와 미세스 심슨 씨는 스핑크스 앞에서 소시지를 먹었다.

도서관 사서인 송성순 씨가 수박을 서리하다 수소를 보고 소스라치게 놀랐다.

세관이 세수 확장을 위해 소고기 수입·수출 시, 안심과 등심의 세금을 달리했다.

수술실 CCTV 수수료는 CCTV 운송·수송 수수료와 설치 수수료로 나뉜다.

혓바닥을 입천장에 붙이는 '혓바닥소리(경구개음)'

"혀끝은 아랫니 뒤에, 혓바닥은 들어 입천장에 붙인다."

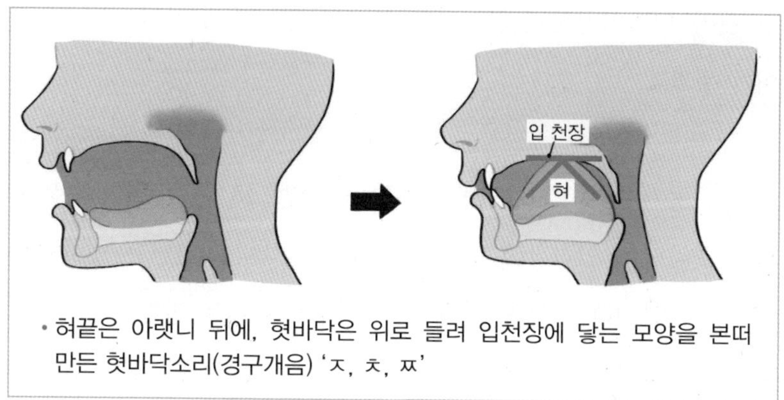

• 혀끝은 아랫니 뒤에, 혓바닥은 위로 들려 입천장에 닿는 모양을 본떠 만든 혓바닥소리(경구개음) 'ㅈ, ㅊ, ㅉ'

| 그림 31 |

은근히 정확도가 떨어지는 발음 중 하나가 지금 배울 혓바닥소리 'ㅈ, ㅊ, ㅉ'입니다. 혓바닥소리는 한자어로 '경구개음'이라고도 하는데요. '경구개'란 우리 흔히 알고 있는 입천장을 뜻합니다.

딱딱하다는 뜻의 '경'과 입천장을 뜻하는 '구개'가 합쳐진 말이죠. 즉, 입천장(ㅡ)에 혀를 위로 구부려서(ㅅ) 닿게 하는 모양(ㅈ)인데요. 대표음 'ㅈ'에 획을 더한 거센소리 'ㅊ', 그리고 된소리 'ㅉ'까지 세 자음이 하나의 묶음입니다.

'ㅅ'의 사촌 격인 'ㅈ, ㅊ, ㅉ'

'ㅈ, ㅊ, ㅉ'는 'ㅅ' 발음과 거의 같은 혀 모양을 갖고 있습니다. 발음 시 혀끝은 아랫니 뒤에 대고 혓바닥을 드는데요. 이때, 들어 올린 혓바닥을 입천장에 붙이느냐 붙이지 않느냐에 따라 발음의 차이가 생기죠.

'ㅅ'은 공기가 혓바닥을 타고 수평하게 앞으로 계속 밀려 나와야 해서 혓바닥이 입천장에 닿으면 안 되지만, 'ㅈ, ㅊ, ㅉ'는 혓바닥을 입천장에 붙였다가 살짝 아래로 떼면서 소리 내는 자음입니다. 즉, 'ㅈ, ㅊ, ㅉ'와 'ㅅ'의 차이는 혓바닥이 입천장에 붙느냐, 붙지 않느냐의 차이라고 보면 되죠.

붙이지 않으면 'Z'처럼 들리는 'ㅈ'

혓바닥소리를 발음할 때 바람 소리가 상당히 많이 나면서 'ㅅ' 발음과 같이 새는 느낌을 주는 사람이 많습니다. 'ㅅ'이 공기만 있고 소리가 없는 글자인 것처럼, 비슷한 모양을 가진 'ㅈ, ㅊ, ㅉ'도 발음할 때 모음을 정확하게 밀어주지 않으면 공기가 많이 나오면서 새는 느낌을 주죠.

또 혓바닥을 입천장에 붙였다 떼야 정확한 소리가 나는데 아예 붙이지 않아서 알파벳 'Z'처럼 소리 내는 사람도 많습니다. 그러니 'ㅈ, ㅊ, ㅉ'을 발음할 때 반드시 혀끝은 아랫니 뒤에 두고, 혓바닥은 입천장에 붙였다 떼면서 모음 소리를 밀어내야 합니다.

혓바닥소리 'ㅈ, ㅊ, ㅉ' 집중 연습

자조, 자주, 제주, 지진, 주지, 점집, 주종, 작품,
잠자리, 제목, 주도, 조정, 적진지, 접근, 자연

차표, 차치, 초가, 춤꾼, 처리, 채근, 착불, 찰기,
찬물, 처용가, 체육, 청기와, 춘절, 침대, 추수

짱구, 찜통, 알찜, 짬뽕, 짜증, 쯔유, 짠맛, 가짜,
쫄면, 날짜, 팔찌, 말짱, 찜찜, 채찍, 남쪽, 짜장

7 혀뿌리로 목구멍을 막는 '혀뿌리소리(연구개음)'

"혀뿌리를 들어 목구멍을 막는다."

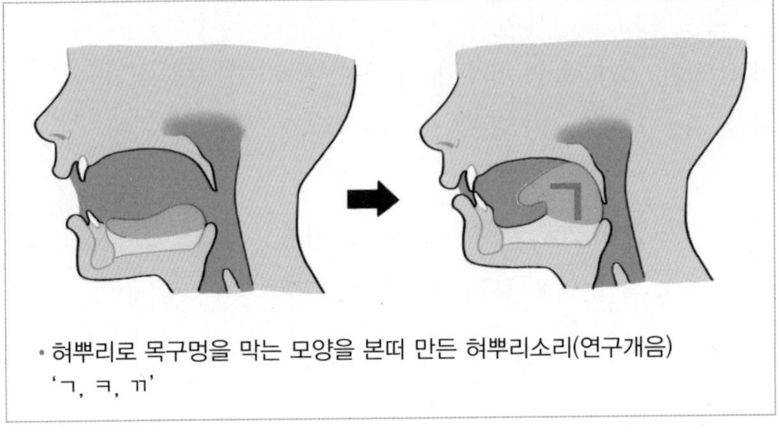

• 혀뿌리로 목구멍을 막는 모양을 본떠 만든 혀뿌리소리(연구개음) 'ㄱ, ㅋ, ㄲ'

| 그림 32 |

자음 중 느낌을 알기가 가장 힘든 자음이 'ㄱ, ㅋ, ㄲ'의 혀뿌리소리입니다. 혀뿌리소리는 한자어로 '연구개음'이라 하는데요. 조금 전 혓바닥소리(경구개음) 'ㅈ, ㅊ, ㅉ'는 딱딱한 입천장 부분에 혓바닥을 붙이는 것이라면, 연구개음은 목구멍에 가까운 부드러운 안쪽 입천장과 관련된 소리이죠.

'각'이라는 글자를 소리 내보겠습니다. 아마 마지막에 목구멍이 탁 막히는 느낌이 들 텐데요. 이처럼 혀뿌리를 들어 목구멍(정확히 말하면 연구개 부위)을 막는 자음이 '혀뿌리소리'입니다. 혀뿌리를 들어 목구멍을 막는 모양을 본떠 'ㄱ', 획을 더해 'ㅋ', 쌍자음 'ㄲ' 이렇게 세 자음이 한 묶음이죠.

모음이 특히 중요한 혀뿌리소리

'ㄱ, ㅋ, ㄲ'은 소리가 시작되는 목구멍을 막아 버리는 음이라 신경 쓰지 않으면 소리를 먹어버리기 쉬운 음입니다. 특히, 초성 'ㄱ, ㅋ, ㄲ' 다음에 '우'나 '오' 등의 모음이 나오거나 '국'처럼 'ㄱ, ㅋ, ㄲ' 받침이 붙어 있다면 먹는 경우가 많아 전달이 잘 되지 않죠.

예를 들어, '미국의 경우'를 소리 낸다고 했을 때, 생각보다 [미구게 경우]라고 소리 내지 못하는 사람이 많습니다. 대부분은 [미우게 경우]라고 'ㄱ' 자음을 아예 먹어버리는 것이죠. 또한, '동양권의 국가'는 [동양꿔네 (묵음)까]처럼 글자 자체를 먹는 경우도 많습니다.

이때 중요한 것이 바로 '모음'입니다. 초성 'ㄱ, ㅋ, ㄲ' 다음에는 반드시 모음을 힘 있게 밀어야 하고, 'ㄱ, ㅋ, ㄲ'이 받침으로 있다면 모음을 확실히 밀어낸 다음 'ㄱ, ㅋ, ㄲ' 받침을 붙여주어야 합니다.

엇비슷한 혀뿌리의 움직임인 'ㅇ'

혀뿌리소리는 'ㄱ, ㅋ, ㄲ'이 있다고 말씀드렸지만, 전혀 모양이 다른 'ㅇ'도 분류상 한 묶음인데요. 'ㅇ'을 초성으로 사용할 경우, 보통 '모음'으로 부릅니다. 하지만 'ㅇ'이 확실히 자음 역할을 할 때도 있는데요. 바로 '받침'으로 사용될 때죠.

'아~' 소리를 그냥 내면 혀의 움직임이 없죠? 그래서 입만 크게 벌리는 모음입니다. 그런데 '아~' 모음 소리를 낸 다음, 받침 'ㅇ'을 붙여서 '아~앙'으로 소리 내보죠. 그러면 'ㅇ' 받침을 소리 내는 순간 혀뿌리가 살짝 들리는 느낌을 받을 수 있습니다.

'ㄱ, ㅋ, ㄲ' 발음처럼 확실히 목구멍을 막지는 않지만, 혀뿌리를 드는 움직임이 같기 때문에 'ㄱ, ㅋ, ㄲ'과 더불어 'ㅇ'도 혀뿌리소리로 분류되는 것이죠.

한편, 마지막 서술어 처리 시, "합니당", "하겠습니당"처럼 'ㅇ'을 '다'의 종성에 붙여서 마무리하듯이 답변하는 수험생이 있는데요. 이는 혀뿌리를 들지 말아야 하는데 든 채로 마무리했기 때문입니다. 그러니 종결어미 '다'로 마무리될 때는 반드시 혀뿌리를 아래로 내리도록 합니다.

 # 혀뿌리소리 'ㄱ, ㅋ, ㄲ, ㅇ' 집중 연습

고기, 가구, 교육, 거울, 구국, 각도, 갈구,
고견, 곤장, 공갈, 관상, 거물, 기름, 구축

코치, 콧물, 쿠션, 코란, 카드, 칼날, 캐나다,
코드, 쿠데타, 칸막이, 캔버스, 켈트족

깔창, 꼬까, 까만색, 꼬마, 꼬리, 깜빡, 까치,
끼니, 꾸깃꾸깃, 꿈나라, 깨소금, 끄나풀

앙금, 옹기, 웅담, 엉겅퀴, 영광, 앙갚음, 웅덩이,
옹고집, 항공등유, 낭랑, 공간, 공공, 중국

8 성대가 서로 닿는 '목청소리(성문음)'

"성대를 진동시킨다."

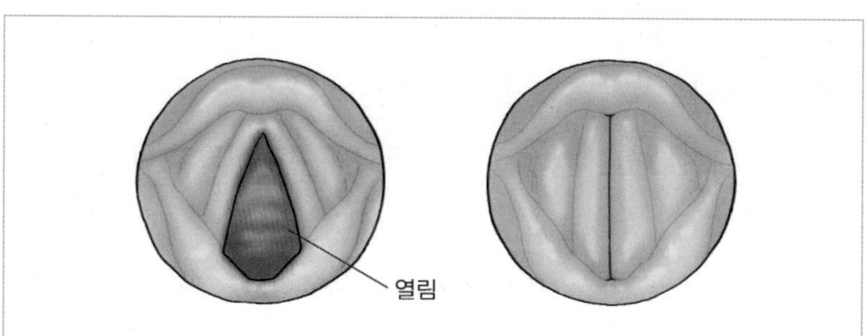

| 그림 33-1 |

마지막 자음은 'ㅎ'입니다. 'ㅎ'은 성대와 성대가 서로 맞닿아서 나는 소리인데요. 한자어로는 '성문음'이라고 부릅니다. 다른 자음과는 달리, 'ㅎ'을 소리 내기 위해 성대를 자의적으로 붙였다 떼었다 하기는 힘들죠?

앞서 복식호흡을 설명할 때, 공기가 성대를 진동시킨다고 말씀드린 것처럼 조음기관의 움직임 대신 공기를 세게 뱉어 내면 자연스럽게 'ㅎ' 자음을 표현할 수 있습니다. 그래서 'ㅎ'은 공기를 세게 뱉어 내는 것이 중요합니다.

죽어가는 소리 'ㅎ'

'ㅎ' 발음의 표현이 예전 같지 않습니다. 기본적으로 공기를 세게 뱉어 내면서 소리 내야 하지만, 'ㅎ'을 'ㅇ'처럼 발음하는 경향이 강해졌기 때문인데요. 전문가들 사이에서는 'ㅎ' 음이 점점 죽어간다는 견해도 나오고 있죠. 가령, 요즘은 '영화'라는 단어에서 '화'를 너무 정확하게 발음하면, 도리어 어색하게 들리기도 합니다.

그렇지만 'ㅎ'은 아직 표기의 형태로 남아있는 것은 물론, 의미 구별의 기능도 있어서 제대로 발음해 주면 좋습니다. 특히 'ㅎ'이 이름, 지명 등 고유명사로 사용될 때, 또는 단어의 첫 글자로 사용될 때는 정확하게 'ㅎ' 발음을 살려서 소리 내야 합니다. 단, 'ㅎ'이 첫 글자로 사용되지 않을 때는 힘을 빼 'ㅇ'처럼 발음하면 자연스러운 느낌을 줄 수 있죠.

 # 목청소리 'ㅎ' 집중 연습

현대사회, 하루, 영화, 행정업무, 향후, 문화,
아동학대, 학생관, 위원회, 수행평가, 형성평가

9 7개는 반드시 사수하자

"받침소리는 'ㄱ, ㄴ, ㄷ, ㄹ, ㅁ, ㅂ, ㅇ' 7개만 난다."

받침소리 7개

ㄱ, ㄴ, ㄷ, ㄹ, ㅁ, ㅂ, ㅇ

| 그림 33-2 |

우리말 자음은 총 19개가 있습니다. 표기하거나 말할 때 19개 자음을 모두 활용하죠. 그런데 글자를 쓰는 것이 아니라 말할 때, 즉 소리를 낼 때 종성으로 쓰이는 '받침' 소리는 19개 중 7개입니다. 예를 들어보죠. '각', '갘', '갂' 받침 발음의 표기는 전부 다르지만, 소리는 모두 [각]으로 납니다.

이처럼 받침 발음의 소리는 'ㄱ, ㄴ, ㄷ, ㄹ, ㅁ, ㅂ, ㅇ'의 7개로 한정되어 있는데요. 앞서 말씀드린 것처럼 답변을 정확히 전달하고 지적인 느낌까지 주려면, 받침 발음을 정확하게 구사해야 합니다.

- 'ㄱ, ㅋ, ㄲ' 받침소리 ➡ 'ㄱ' 소리로 통일
- 'ㄷ, ㅌ, ㅅ, ㅆ, ㅈ, ㅊ, ㅎ' 받침소리 ➡ 'ㄷ' 소리로 통일
- 'ㅂ, ㅍ' 받침소리 ➡ 'ㅂ' 소리로 통일
- 그 외 'ㄴ, ㄹ, ㅁ, ㅇ' 의 울림소리 받침

받침 발음 집중 연습

각 간 갇 갈 감 갑 강 / 악 안 앋 알 암 압 앙

낙 난 낟 날 남 납 낭 / 작 잔 잗 잘 잠 잡 장

닥 단 닫 달 담 답 당 / 착 찬 찯 찰 참 찹 창

락 란 랃 랄 람 랍 랑 / 칵 칸 칻 칼 캄 캅 캉

막 만 맏 말 맘 맙 망 / 탁 탄 탇 탈 탐 탑 탕

박 반 받 발 밤 밥 방 / 팍 판 팓 팔 팜 팝 팡

삭 산 삳 살 삼 삽 상 / 학 한 핟 할 함 합 항

받침 발음 및 자음 집중 연습

원격수업 상황에서는 정보**통신**기기를 다루는 에듀테크 역량이 필수입니다.
웡격(x) 통싱(X)

학생 **인권** 신장을 위한 **전문적** 학습공동체를 구성할 필요가 있습니다.
잉권(X) 점문적(X)

학교를 둘러싼 **환경**의 변화가 빠른 **만큼**, 수업 **환경**도 바뀌어야 합니다.
황경(X) 망큼(X) 황경(X)

회복적 생활교육을 통해 학생들 간의 **건강**한 **관계** 형성을 이루어야 합니다.
경강(X) 광계(X)

신규교사는 업무분장 이외의 업무도 배움의 자세를 **갖고** 수행해야 합니다.
싱규(X) 각꼬(X)

교사는 피해 학생의 육체적 **건강**뿐 아니라 정신**건강**도 **점검**해야 합니다.
경강(X) 경강(X) 정검(X)

학교 **안전**교육은 **참관**에 그치지 않고 체험 중심으로 이루어져야 합니다.
안정(X) 창관(X)

세계**시민**교육은 **신문** 및 매체를 활용해 정보처리 역량을 길러주어야 합니다.
시밍(X) 심문(X)

학교 **연간**교육계획에 따라 수업 **연구**에 적극적으로 참여해야 합니다.
영간(X) 영구(X)

학교 공간 혁신사업은 단순히 **공간** 구성을 개선하는 것이 아닙니다.
공강(X)

교사는 **전공**과목과 더불어 **인문**학적 소양을 꾸준히 함양해야 합니다.
정공(X) 임문(X)

학생이 어려움을 **딛고** 일어설 수 있도록 모두가 **함께** 고민해야 합니다.
딕꼬(X) 항께(X)

코로나19로 **갑갑해** 하는 학생들을 위해 수업**준비**를 철저히 해야 합니다.
가까패(X) 줌비(X)

⑩ 전달력의 자연스러움을 주는 연음

"연이어서 부드럽게 소리 내자."

자음을 정확히 구사하기 위해서는 각 자음의 조음점을 정확히 짚어 발음하는 것이 중요하다는 사실을 지금까지 배웠습니다. 정확한 전달력을 위해서 연습해야 할 한 가지가 더 남아 있는데요. 바로 '연음'입니다.

'연음'이란 연이어서 발음하는 음을 말하는데요. 각 글자를 서로 분절해 발음하지 않고 부드럽게 이어서 소리 내는 것이죠. 간혹 자음의 정확도를 높이겠다고 지나치게 정확하게 발음해 자연스러움이 없어지는 경우나, 연음만 하면 받침을 빼고 말하는 경우도 있습니다. 그러나 연음을 잘해야 정확성과 자연스러움, 두 가지를 다 갖출 수 있죠.

받침 + 'ㅇ' 초성 연음

먼저 알아볼 것은 'ㅇ' 초성 연음입니다. 연음을 떠올렸을 때 가장 먼저 떠오르는 것이기도 하죠? 이는 받침과 'ㅇ'이 서로 인접해 있는 경우, 받침을 'ㅇ' 위치로 이동시켜 발음하는데요.

'학생들을'을 예로 들어보겠습니다. '들'의 'ㄹ' 받침과 '을'의 'ㅇ' 초성이 인접해 있죠? 이때, [학쌩들을]이라고 한 글자씩 정확하게 발음하거나, [학쌩드을]처럼 받침 발음을 빼고 발음하는 것이 아니라, [학쌩드를]처럼 받침 'ㄹ'을 조사 '을'의 'ㅇ' 위치로 옮겨서 발음해야 합니다. 또 '무릎이'처럼 거센소리 받침을 연음할 경우, [무르피]로 발음하지 않고 [무르비]와 같이 약하게 발음하기도 하는데요. 센 발음은 세게 내는 것이 맞습니다.

의미 전달의 핵심 '조사 연음'

영어와 우리말의 가장 큰 차이가 무엇일까요? 아래 표의 문장을 한 번 봅시다.

영어		우리말	
I like you	O	나는 너를 좋아한다	O
I you like	X	나는 좋아한다 너를	O
Like I you	X	좋아한다 나는 너를	O
Like you I	X	좋아한다 너를 나는	O
You like I	X	너를 좋아한다 나는	O
You I like	X	너를 나는 좋아한다	O

영어는 순서가 중요한 언어입니다. 그래서 순서가 맞지 않으면 비문이 되면서 의미 전달이 불가능해지죠. 하지만 우리말은 순서를 바꾸면 살짝 어색한 감은 있지만, 의미 전달에 큰 어려움은 없는데요. 이는 '조사' 때문입니다. 우리말에서는 조사가 의미 전달에 아주 큰 역할을 하는 것이죠.

조사	예문
가	준호**가** 임용고시에 최종 합격했다.
도	준호**도** 임용고시에 최종 합격했다.
마저	준호**마저** 임용고시에 최종 합격했다.
까지	준호**까지** 임용고시에 최종 합격했다.
조차	준호**조차** 임용고시에 최종 합격했다.

또 위 표의 예문처럼 같은 문장이지만 조사에 따라 의미가 확연히 다르게 전달될 수도 있습니다. 이처럼 조사가 의미 전달의 핵심 역할을 하고 있음에도 조사를 분명하게 소리 내지 않는 수험생이 많습니다.

특히, 연음을 정확히 구사해야 의미가 제대로 전달되는 조사들을 건성으로 흘려서 발음하는 경우가 많은데요. 초성 'ㅇ'으로 시작하는 '은', '이', '을', '에', '에게' 등의 조사 앞 글자에 받침이 있다면, 조금 더 신경 써서 연음해야 의미를 명확히 전달할 수 있다는 점! 꼭 기억해주세요.

받침 + 'ㅇ' 초성 연음 집중 연습 ❶

낫이[나시], 낮이[나지], 낯이[나치], 빗이[비시],
빚이[비지], 빛이[비치], 무릎이[무르피]

꽃이[꼬치], 입이[이비], 잎이[이피], 닻이[다치],
옷이[오시], 옻이[오치], 부엌이[부어키]

낫은[나슨], 낮은[나즌], 낯은[나츤], 빗은[비슨],
빚은[비즌], 빛은[비츤], 무릎은[무르픈]

꽃은[꼬츤], 입은[이븐], 잎은[이픈], 닻은[다츤],
옷은[오슨], 옻은[오츤], 부엌은[부어큰]

낫을[나슬], 낮을[나즐], 낯을[나츨], 빗을[비슬],
빚을[비즐], 빛을[비츨], 무릎을[무르플]

꽃을[꼬츨], 입을[이블], 잎을[이플], 닻을[다츨],
옷을[오슬], 옻을[오츨], 부엌을[부어클]

받침 + 'ㅇ' 초성 연음 집중 연습 ❷

공교육의 중심인 학교는 **본질적으로 학생들을** 인지적, **정서적으로** 성장시키는 **곳입니다.**

공교유게 중시민 / 본질쩌그로 학쌩드를 / 정서저그로 / 고심니다

온라인에서도 질문이 있는 **교실을** 만들기 위해 별도의 **질문시간을** 마련하겠습니다.

온나이네서도 / 질무니 / 교시를 / 질문씨가늘

학습중간층 **복원을** 위해, **밤낮으로** 고민한 선배 **교사들의 고민을 들은 적이** 있습니다.

보궈늘 / 밤나즈로 / 교사드레 / 고미늘 드른 저기

학생들의 기초학력과 인성**발달의 원동력은 담임교사들의 관심입니다.**

학쌩드레 / 발따레 / 원동녀근 / 다밈교사드레 / 관시밈니다

심리적으로, **정서적으로** 안정**적인** 학교생**활을** 위해 상담 **방식을** 개선하겠습니다.

심니저그로 / 정서저그로 / 저긴 / 생화를 / 방시글

중하위권 **학생들을** 위해서 멘토링 **프로그램을** 적극**적으로 활용**할 **필요**가 있습니다.

학쌩드를 / 프로그래믈 / 쩌그로 / 화룡 / 피료

생태 **텃밭을 운영**하고 일회용품 **배출이** 없는 **교실을 만들어** 나가야 합니다.

텁빠틀 우녕 / 배추리 / 교시를 만드러

'ㄱ, ㄷ, ㅂ, ㅈ' + 'ㅎ' 연음

다음은 'ㄱ, ㄷ, ㅂ, ㅈ'과 'ㅎ' 연음입니다. 'ㄱ, ㄷ, ㅂ, ㅈ'과 'ㅎ'이 인접한 경우 두 자음을 합쳐서 '거센소리'로 발음해야 자연스러운데요. 즉, 'ㄱ+ㅎ=ㅋ', 'ㄷ+ㅎ=ㅌ', 'ㅂ+ㅎ=ㅍ', 'ㅈ+ㅎ=ㅊ'으로 발음하는 것입니다. 가령, '국회'는 [구쾨]로 발음합니다. 단, 앞에서 배운 받침 + 'ㅇ' 초성 연음이 앞서 있는 받침이 뒤로 이동하는 순차적인 특성이 있다면, 'ㄱ, ㄷ, ㅂ, ㅈ' + 'ㅎ' 연음은 순서가 바뀌어도 똑같이 거센소리로 합쳐지는 특성이 있습니다. 예를 들어, '않고'는 'ㅎ'이 먼저 나오고 뒤에 'ㄱ'이 나왔지만, 똑같이 결합해 [안코]로 발음하는 것이죠.

 # 'ㄱ, ㄷ, ㅂ, ㅈ' + 'ㅎ' 연음 집중 연습 ❶

생각하다[생가카다], 파악하다[파아카다], 정확하다[정화카다], 급격한[급껴칸]

명확한[명화칸], 조력하다[조려카다], 답하다[다파다], 노력하다[노려카다]

않도록[안토록], 완벽하다[완벼카다], 결석하다[결써카다], 원격학습[원껴칵씁]

수업혁신[수어펵씬], 익숙한[익쑤칸], 접하다[저파다], 주목하다[주모카다]

쾌적한[쾌저칸], 도입하다[도이파다], 복합화[보카퐈], 계획하다[게회카다]

산업혁명[사너평명], 융합형[융하평], 선택하다[선태카다], 북한[부칸]

교육활동[교유콸똥], 통합학급[통하팍끕], 원격회의[원껴쾨이]

특화[트콰], 폭행[포캥], 역할[여칼], 어떻게[어떠케], 탈북학생[탈부칵쌩]

'ㄱ, ㄷ, ㅂ, ㅈ' + 'ㅎ' 연음 집중 연습 ❷

4차 **산업혁명**으로 진로지도 방식에도 **급격한** 변화가 나타나고 있습니다.
사너평명 / 급껴칸

학교 공간 재구조화는 **쾌적한 수업환경**과 **수업혁신**을 위해 필요합니다.
쾌저칸 수어퐌경 / 수어펵씬

창의·**융합형** 인재로의 성장을 위해 학교예술교육 프로젝트를 **도입해야** 합니다.
융하평 / 도이패야

우선 학생이 **결석하는** 이유와 원인이 무엇인지 **명확히 파악해야** 합니다.
결써카는 / 명화키 파아캐야

제가 **기획하고** 싶은 자유학기제 과목의 주제는 **국회의원 역할극**입니다.
기회카고 / 구쾨이원 여칼극

교사가 주도적으로 **개입하는** 것보다 느리더라도 학생이 시행착오를 겪으며 성장하도록 **조력하겠습니다.**
개이파는 / 조려카게씀니다

선택형 대신 수행평가 위주의 **학습활동**이 효과가 더 **좋다고 생각합니다.**
선태켱 / 학쓰퐐똥 / 조타고 생가캄니다

핵심 요약정리

1. 자음은 조음기관이 서로 수직으로 힘 있게 닿아야 정확한 표현이 가능하다.
2. 자음이 소리 나는 위치는 입술, 혀(혀끝·혓바닥·혀뿌리), 성대까지 총 5곳이다.
3. 입술소리는 'ㅁ, ㅂ, ㅍ, ㅃ' 4개 자음으로 윗입술과 아랫입술을 서로 붙인다.
4. 혀끝소리는 7개로 그중 'ㄴ, ㄷ, ㅌ, ㄸ' 4개 자음은 혀끝이 윗니 뒤에 닿게 한다.
5. 혀끝소리 'ㄹ'은 혀를 수직으로 말아 올려 입천장에 닿게 한다.
6. 혀끝소리 'ㅅ, ㅆ'은 치아를 물고 혀끝은 아랫니 뒤에 닿게 한다.
7. 혓바닥소리는 'ㅈ, ㅊ, ㅉ' 3개 자음으로 혓바닥을 들어 입천장에 닿게 한다.
8. 혀뿌리소리는 'ㄱ, ㅋ, ㄲ, ㅇ' 4개 자음으로 혀뿌리를 들어 목구멍을 막는다.
9. 목청소리 'ㅎ'은 공기를 세게 뱉어낸다.
10. 자음 받침은 글로는 거의 모든 자음을 다 쓸 수 있으나, 실제 소리로 표현되는 자음은 'ㄱ, ㄴ, ㄷ, ㄹ, ㅁ, ㅂ, ㅇ' 7개이다.
11. 모든 글자 하나하나를 지나치게 정확하게 전달하는 것보다, 연음하는 것이 자연스럽다.

 실전 **연습** _ 호흡, 발음, 발성에 유의하며 예문 낭독하기

CASE ❶

점심을 먹지 않는 학생에게 정말 속이 좋지 않은지 물어보고 근본적인 원인을 파악하겠습니다. / 혹시 친구들과의 관계가 좋지 않아서 그 자리를 피하는 것일 수도 있기 때문입니다. / 저는 중3 때 전학을 갔는데 이미 밥 먹는 친구들이 형성되어 있어서 쉽게 낄 수 없었습니다. / 그래서 아프다는 핑계를 대고 보건실에 누워 있거나 밥을 굶었던 경험이 있습니다. / 이와 같은 상황에서 학생을 지도하기 위해 두 가지 방안을 시행하겠습니다.

첫째, 해당 학생에게 저와 함께 밥을 먹자고 제안하겠습니다. / 같이 식사하며 친밀감을 형성하면 속 깊은 대화까지 나눌 수 있기 때문입니다.

둘째, 학급 친구들이 다 함께 밥 먹을 수 있는 기회를 만들겠습니다. / 점심시간이나 방과후 단합대회를 활용하여 자연스럽게 학급 학생들이 다 같이 어울릴 수 있는 환경을 조성하겠습니다. / 학생의 상황이 그 즉시 좋아지지는 않더라도 자신을 위해 노력한 교사에게 마음의 문을 열고 다가갈 수 있는 용기를 얻을 수 있다고 생각합니다.

CASE ❷

최근 청소년들이 스마트폰에 지나치게 의존하는 비율이 높게 나타나고 있습니다. / 코로나19로 인해 시행되고 있는 원격수업도 영향을 주었는데요. / 학생들의 스마트폰 과의존 현상을 예방하기 위해 학교에서 할 일 세 가지를 말씀드리겠습니다.

첫째, 창의적 체험활동 시간에 학생들이 직접 스마트폰 사용 습관을 분석하고 비판적으로 성찰해보는 시간을 갖도록 하겠습니다. / 자신이 생각한 스마트폰 사용 시간과 환경설정에 기록된 실제 사용시간을 비교해 보고, 베스트·워스트 스크린 타임을 선정해 봅니다. / 학급회의를 통해 의견을 나누고 '스마트폰 제대로 사용하기'에 대한 규약을 정하며 실천할 것을 다짐해 볼 수 있습니다.

둘째, 학부모님의 협조를 구하는 것입니다. / 다양한 여가활동을 권장하고 뜻깊은 시간을 함께 보내도록 추천 드려, 자녀의 스마트폰 사용 시간을 대체할 수 있습니다.

마지막으로, 지역사회와의 연대입니다. / ○○시·도에서 실시하는 예방 센터 및 치유캠프와 연계하여 보다 적극적으로 학생들의 스마트폰 과의존 현상을 예방할 수 있습니다.

표현력 키우기

STEP 06 # 강조

"키워드 채점에서 유리해지려면?"

2020년 임용 2차 시험을 닷새 앞두고, 부랴부랴 연락 온 특수 임용 수험생이 있었습니다. 두 차례의 2차 시험 경험으로 면접 답변 내용의 전문성, 수업실연 평가 기준의 충족은 누구보다 자신 있다고 말했죠. 하지만 면접 일주일 전, 큰 고민이 하나 생겼다고 했습니다. 모교에서 선배들에게 모의평가를 받았는데, 선배들이 이런 평가를 했다고 합니다. "이것저것 많이 말하는데 도저히 핵심 키워드가 안 들린다."

이러한 평가를 받은 후, 지난 2년 동안은 내용 부실로 불합격했다고 생각했는데, '설마 키워드가 답변에서 잘 드러나지 않아서 인가?'라는 새로운 고민이 생긴 것이었죠. 그래서 해당 수험생에게 '키워드'를 잘 들리게 하는 수업을 단기간에 진행했고, 결과는 합격이었습니다.

 키워드를 면접관 귀에 꽂아주자

"첫 글자를 아래로 쿵 치자."

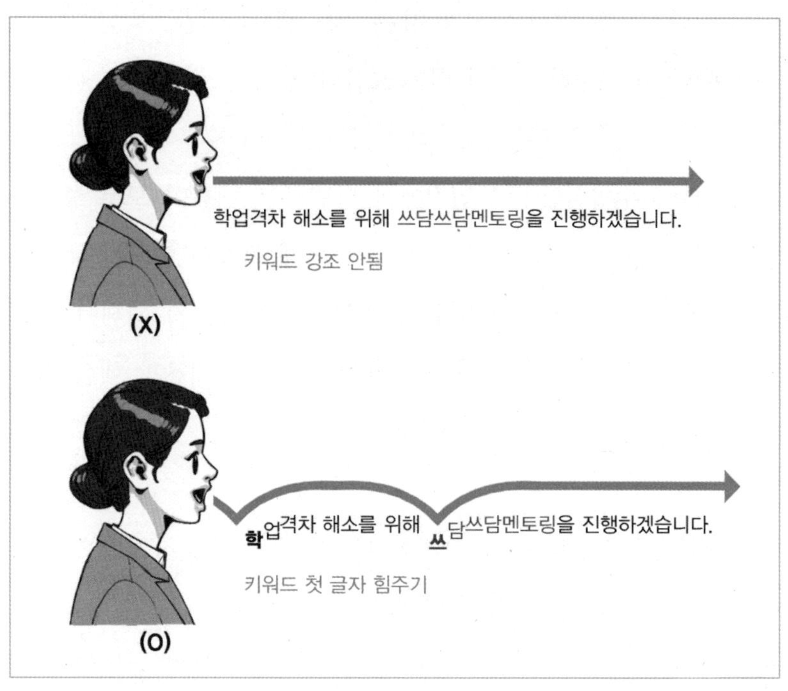

| 그림 34 |

임용 2차 시험 스터디를 해본 수험생은 모두 비슷한 생각을 합니다. 시간이 갈수록 수험생 간의 내용 전개에서는 큰 차이가 없어진다는 것인데요. 그러나 같은 내용을 말하더라도 유독 평가가 좋은 수험생이 있습니다.

그 차이는 바로 답변의 '핵심 키워드를 얼마나 잘 전달하느냐'에서 생기는데요. 키워드를 잘 들리게 하려면 어떻게 해야 할까요? 단순히 목소리를 크게 내야 한다고 생각하는 분들이 많을텐데요. 물론 전반적으로 발성을 크게 하는 것도 필요하지만, '핵심 키워드를 얼마나 잘 강조하느냐'가 더 중요합니다.

여러분이 수업실연이나 면접에서 답변하는 내용이 모두 중요하지는 않습니다. 논리적인 답변 전개를 위해 구성상 필요한 내용이나 수식어구 등도 평가위원의 답변 이해도를 높이기 위해서는 반드시 추가되어야 하죠. 하지만 이러한 부차적인 내용과 핵심 키워드를 큰 차이 없이 말한다면 어떻게 될까요?

평가위원들은 여러분이 답변할 때 매 순간 집중하기는 어려울 수 있습니다. 비슷한 내용의 답변을 오랜 시간 듣다 보면 집중력이 잠시 흐트러지기도 하고, 채점도 동시에 해야 하므로 답변의 핵심을 놓쳐버릴 수도 있죠. 아시다시피 임용 2차 시험은 녹음해서 다시 들어볼 수도 없으니까요.

따라서 평가위원이 여러분의 답변을 들으면서 빠짐없이 바로바로 점수를 부여할 수 있도록 핵심 키워드를 확실히 강조할 필요가 있습니다. 그러면 지금부터 '강조'하는 방법을 같이 알아보겠습니다.

첫 글자를 '아래로' 누르듯 강조하자

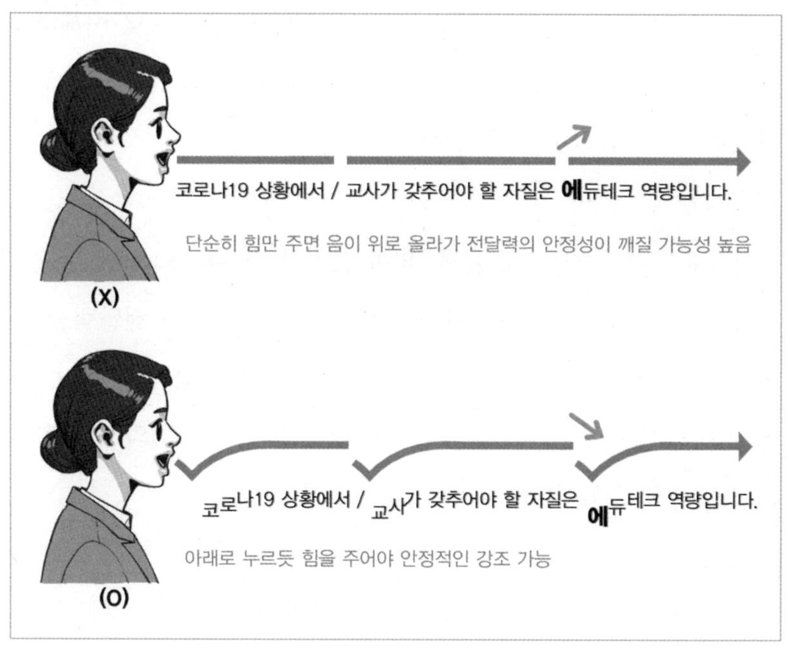

| 그림 35 |

하나의 문장에는 여러 가지 키워드가 나올 수도 있지만, 보통은 하나의 핵심 키워드가 있습니다. 또 각 문장이 모인 전체 답변에도 가장 중요한 핵심 키워드가 있는데요. 답변할 때, 이 핵심 키워드를 말했다고 해서 안도하면 안 됩니다.

키워드를 말하는 자체가 중요한 것이 아니라 '이것이 키워드다.' 라는 것을 평가위원에게 명확히 각인시켜줄 필요가 있는데요. 강조할 때는 키워드 전체가 아니라 키워드의 첫 글자를 짚어준다는 느낌으로 강조하는 것이 좋습니다.

전체 키워드를 다 강조하면 소리의 안정성이 깨질 확률이 높습니다. 사람들은 의미를 받아들일 때 첫 글자를 중심으로 이해하기 때문이죠. 첫 글자가 아닌 글자를 강조하면 어색하게 들리니, 반드시 첫 글자에 힘을 주면서 강조해야 합니다.

가능하다면 문장의 첫 글자, 의미 단위의 첫 글자도 함께 강조해서 답변하는 게 좋은데요. 이를 통해 답변의 전반적인 전달력을 높일 수 있습니다. 강조기법을 조금 더 쉽게 활용하려면, 문장의 핵심 키워드 앞에서 살짝 끊은 후 첫 글자를 의미 단위의 시작으로 보고 연습해도 됩니다.

첫 글자를 힘주어 강조할 때, 한 가지 주의할 점은 바로 소리의 방향인데요. 첫 글자를 '아래로' 쿵 누르듯 소리 내야 한다는 것이죠. 소리를 크게 낼 때, 대부분은 목에 힘을 주게 되는데요. 목에 힘이 들어가면 소리가 커지기보다는 음이 높아지는 경우가 많습니다.

음이 높아지면 안정감이 떨어지고, 한 번 힘이 들어간 목소리는 계속해서 힘이 들어가므로 답변 전체의 안정감이 무너집니다. 그러니 첫 글자를 '아래로' 힘 있게 누르면서 강조하는 것이 좋습니다.

강조를 잘해야 하는 이유

사람마다 생각이 다르고 같은 의미라도 다양한 문장 구조로 표현하는 것처럼, 똑같은 문장이라도 핵심 키워드라고 여기는 부분이 다를 수 있습니다.

그러나 임용 2차 면접에서는 문항마다 답변해야 할 핵심 키워드가 있죠? 따라서 답변 시 핵심적으로 강조해야 할 키워드, 다시 말해 채점 요소가 분명히 전달돼야 합니다. 만약 각 문항에 핵심 키워드를 넣어 답변했으나, 도리어 다른 부분을 강조한다면 어떻게 될까요? 아래의 예시문을 다 같이 보죠.

1) **나**는 반드시 임용고시에 합격할 것이다.
2) 나는 **반드시** 임용고시에 합격할 것이다.
3) 나는 반드시 **임용고시**에 합격할 것이다.
4) 나는 반드시 임용고시에 **합격**할 것이다.

4개의 문장이 있습니다. 문장 구조와 의미가 모두 동일한데요. 이때, 어느 포인트를 강조하느냐에 따라 의미 전달에 차이가 발생합니다. 문장 1)은 '나'라는 주체를 강조하는 것, 문장 2)는 '반드시'라는 강한 의지를 강조하는 것, 문장 3)은 '임용고시'라는 대상·목적을 강조하는 것, 문장 4)의 '합격'은 '반드시'와 마찬가지로 의지를 강조하는 것이죠.

같은 문장이라도 어떤 키워드를 강조하느냐에 따라 전달이 제대로 될 수도 있고, 되지 않을 수도 있습니다. 이에 따라 평가 결과도 달라질 수 있겠죠. 그러니 핵심 키워드만 말했다고 해서 안도하지 말고, 확실히 강조해서 제대로 평가받을 수 있도록 해야 합니다.

힘 있게 소리 내는 것만 강조일까?

강조의 기본적 의미는 소리를 힘 있게 표현하는 것이지만, 숨겨진 핵심 의미는 소리에 변화를 주는 것인데요. 평이하게 소리를 내다가 특정 부분에서 갑자기 소리의 크기·높이·속도에 변화가 생기면 자연스럽게 상대방의 귀에 꽂히게 되는 것이죠. 그래서 강조기법은 첫 글자를 아래로 힘 있게 눌러 소리를 크게 내 강조하는 '강함강조'를 비롯해, 다양한 종류가 있습니다.

크게 '약함강조', '느림강조', '멈춤강조'가 있는데요. 먼저, '약함강조'는 '강함강조'와는 반대로 키워드 전체의 소리 크기를 줄여서 강조하는 기법입니다. 다음으로 '느림강조'는 키워드의 속도를 천천히, 소리 내는 것을 말합니다. 마지막 '멈춤강조'는 키워드를 말하기 전, 키워드 앞에서 1초 정도 멈추었다가 소리 내는 기법입니다.

이처럼 강조의 종류는 매우 다양한데요. 키워드 첫 글자를 강하게 소리 내는 '강함강조'만 잘해도 무리는 없지만, 목소리의 높낮이와 속도에 변화를 주면서 다양한 방식으로 키워드를 강조한다면 더 좋은 평가를 기대할 수 있습니다. 그러면 앞서 살펴본 네 가지 강조기법에 대해 본격적으로 알아보겠습니다.

❷ 힘 있게 누르는 '강함강조'

"키워드의 첫 글자를 힘 있게 아래로 쿵 치자."

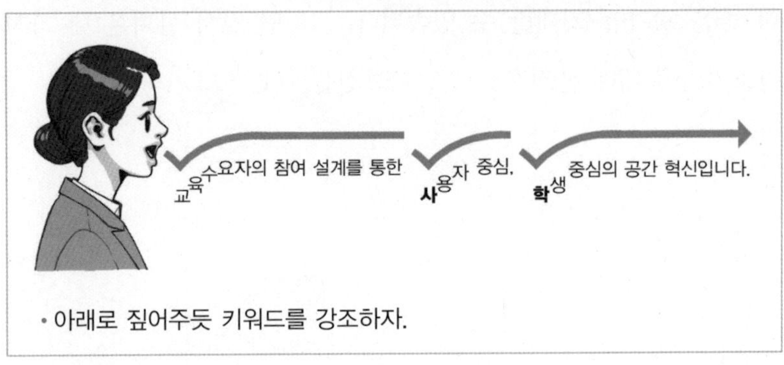

| 그림 36 |

'강함강조'는 키워드 첫 글자의 소리를 크게 내는 강조기법입니다. 그런데 앞서 설명드렸지만, 키워드뿐만 아니라 문장의 첫 글자, 의미 단위의 첫 글자에서도 '강함강조'를 활용하면 좋은데요.

포물선을 그리면서 소리 내는 것이 자연스러운 목소리 전달의 기본이라고 말씀드린 적이 있죠? 이 포물선이 자연스럽게 그려지려면 첫 글자에 힘이 들어가야 합니다. 문장 전체를 안정감 있고 힘 있게 전달해 평가위원들에게 좋은 이미지를 주기 위해서는, 첫 글자에 힘을 주면서 문장을 시작하면 좋습니다.

'강함강조'를 할 때 주의 사항을 다시 한번 더 짚어보겠습니다. 바로 무리하게 소리를 크게 내지 말아야 한다는 것이죠. 키워드를 강조하려고 소리를 너무 크게 내면 어색한 느낌을 주고, 음이 높아져 귀에 거슬릴 수 있습니다. 그러니 적정한 크기의 변화를 주며, 반드시 '아래로' 누르듯 힘을 주어야 합니다.

 # 강함강조 집중 연습 ❶

코로나19 상황에서 / 교육격차가 발생할 수 있는 원인을 두 가지 말씀드리겠습니다.

첫째, / 학교와 교사에 따라 / 원격수업 시스템 운영에 편차가 있기 때문입니다.
사상 초유의 온라인 등교라는 갑작스러운 원격수업 상황을 마주하게 되면서 / 교사들도 / 원격수업을 제작하는 데 어려움을 느꼈습니다.
실제로 / 제가 기간제 교사로 근무할 때, / 선생님들 대부분이 / 구글 플랫폼을 활용하는 것부터, 낯설고 어색해했습니다.
2학기로 넘어가면서 점차 안정됐지만, / 교사마다 / 새로운 교육 방식에 적응하는 기간에는 / 상당한 차이가 있었습니다.

또 / 학교마다 갖추어진 시설과 장비 수준이 천차만별이다 보니, / 일부 학교에서는 / 원격수업 관련 교육 인프라가 부족하여 / 학습의 질에 대한 보장이 이루어지지 않는다는 불만도 있었습니다.

이렇게 학교와 교사의 시스템 운영 격차로 인해 / 학생 간 학습격차가 발생하게 된다고 생각합니다.

둘째, / 학생이 가진 경제적, 사회적 자본의 차이 때문입니다.
학생이 학업에 동기를 갖고 / 생겨난 동기를 유지하며 / 학업 목표를 성취하는 과정에서 / 학생이 공부할 수 있는 환경을 조성하는 것은 / 매우 중요한 요소입니다.

그런데 / 저소득층 학생은 / 사교육의 도움을 받기가 쉽지 않고, / 맞벌이 가정의 학생은 / 부모님으로부터의 케어가 / 상대적으로 어렵습니다.

이렇게 / 부모님의 소득 수준과 / 자녀에게 내어줄 수 있는 시간과 관심의 양에서 차이가 생기고, / 결국 / 학생 간 교육격차가 발생한다고 생각합니다.

 # 강함강조 집중 연습 ❷

학습 중간층 복원을 위한 / 교육격차 해소 방안을 세 가지 말씀드리겠습니다.

첫째, / 교사와 학생, / 그리고 학생과 대학생들의 연계를 통한 멘토링을 실시하는 것입니다.

생활 습관과 학습 습관을 바로 잡는 것을 어려워하는 학생들이 많습니다.

실제로 / 원격학습 기간에 / 밤낮을 바꿔 생활하는 학생이 많습니다.

이런 학생들의 생활 습관 개선을 도와주고, / 올바른 학습 습관을 잡을 수 있도록 지도해 주는 것이 필요합니다.

예를 들어, / 멘토링을 통해 학습 플래너를 작성하고 / 계획대로 학습한 뒤, 스스로 점검하는 과정을 함께하면서 / 학습 습관과 생활 습관을 개선할 수 있을 것입니다.

둘째, / 원격수업에 맞도록 교육과정을 재구성하고 / 수업 혁신을 이루는 것입니다.

원격수업이라는 새로운 상황에서 / 기존의 수업 방식을 똑같이 적용하는 것은 / 효율적이지도 않고 불가능하기 때문에, / 온라인 상황에 맞는 적절한 방안을 찾아야 한다고 생각합니다.

교과 내용의 범위와 깊이를 조절하고 / 원격수업 플랫폼을 활용해서 / 효과를 극대화할 수 있는 방안을 모색해야 합니다.

쌍방향 온라인 수업을 활용하거나 / 과제제시형 수업에서는 / 학생에게 / 피드백을 더 적극적으로 제공하는 방법이 있습니다.

이를 위해서 / 교사의 노력이 필요하고, / 교원학습공동체를 활성화해서 / 수업 혁신을 위한 의견을 서로 공유하는 것도 좋은 방법이 됩니다.

결과적으로, / 잘 짜여진 수업을 통해 / 학생들이 모두 / 성취기준을 달성하고 / 학생 간 학업 격차도 줄일 수 있다고 생각합니다.

셋째, / 꾸꾸 사이트를 활용하는 방안입니다.

꾸꾸 사이트를 비롯해 / 서울 학습 도움센터와 같은 기초학력을 보장하기 위한 사이트를 / 적극적으로 활용하는 방법이 있습니다.

원격수업으로 인해 중간층이 얇아지고 / 학생들의 학력 격차가 더 크게 나타나고 있는 만큼 / 학습 중간층 복원을 위해 / 기초학력을 보장할 수 있도록 다양한 방향으로 지원이 이뤄져야 합니다.

이러한 노력을 통해, / 3단계 학습 안전망을 구축한다면 / 다시 학습 중간층을 복원하고 / 안정적인 원격수업을 진행할 수 있을 것입니다.

목소리 크기를 줄이는 '약함강조'

"소리의 크기를 대폭 줄여 긴장감을 유발하자."

'약함강조'는 말 그대로 키워드를 작게 말하는 것을 의미합니다. 그런데 답변할 때, "목소리의 크기를 줄이는데 왜 강조가 되는 걸까?"라고 의문을 가지는 분도 있을 겁니다. 평소 정말 중요한 내용이나 비밀을 서로 이야기할 때, 작게 말하지 않나요?

이처럼 '약함강조'는 소리의 크기를 줄임으로써 듣는 이의 귀를 말하는 사람 쪽으로 가까이 당겨오는 효과가 있습니다. 자연스럽게 상대방이 더 집중해서 듣게 되죠. 그래서 소규모의 인원이 가까운 거리에서 대화할 때 주로 '약함강조'를 사용합니다.

여러 사람 앞에서 말하는 퍼블릭 스피치 상황에서는 '약함강조'를 잘 쓰지 않으므로, 구상형·즉답형 면접을 볼 때는 사용하지 않는 것이 좋은데요. 다만, 수업실연 때는 학생들의 수업 집중도를 높이고 교감하면서 진행하는 모습, 음성 표현의 다양성을 보여주기 위해서 가끔 '약함강조'를 사용할 필요도 있습니다. '약함강조'를 활용해 소리의 크기에 변화를 주고 자연스럽게 수업을 진행하는 모습을 보여줍시다.

약함강조 집중 연습 ❶

지금까지 / 우리 민족의 최대 아픔이라고 할 수 있는 / 6·25 전쟁의 여러 측면에 대해서 / 함께 알아보았습니다.

자, 그럼 / 지금까지 배운 내용을 토대로 / 여러분의 상상력을 더하는 / 가상 인터뷰 활동을 해볼 건데요!
이름하여 / '그분이 알고 싶다!'

앗, 재림아 뭐라고요? 아~ '그것이 알고 싶다'가 떠오르는 제목이라고요? 네, 맞아요!
'그것이 알고 싶다'가 / 각종 사건들을 취재하고 탐사하는 프로그램인 것처럼 / 오늘 여러분은 '그분이 알고 싶다!'의 기자가 돼서 / '6·25 전쟁 당시의 인물'을 한 분 선택하고 / 그분께 인터뷰하는 질문지와 대답을 만들어볼 겁니다.

당시 남·북한, 미국, 중국, 일본의 지도자를 선택해서 / 질문해도 좋구요.
혹은 당시 전쟁에 참여했던 군인이나 민간인 등 / 다양한 가상 인물을 선택해서 / 질문을 만들어 봐도 좋습니다.

 # 약함강조 집중 연습 ❷

자, 그럼 / 오늘의 두 번째 활동!

이번 활동에서는 / 용수철저울을 사용해서 / 물건의 무게를 여러분이 직접 측정해볼 거예요.

실험은 / 모둠활동으로 진행되고요! 네, 그렇죠~ 자리를 이동해야 해요.

어, 그런데 잠깐!

소영아, 지금 친구들이 / 모둠활동을 위해 자리를 이동할 거예요.

그래서 소영이가 조금 불편할 수 있는데 / 친구들 이동할 때 잠시 귀를 막고 있을까요? 좋아요!

여러분 소영이가 시끄러운 소리를 힘들어해요.

그러니까 모둠으로 이동할 때 어떻게 이동해야 할까요?

그래요. 살금살금, 조심조심 이동해야겠지요?

조용히, 안전하게 이동해 주세요~

여러분 모두 다 이동했나요?

네, 우리 나눔팀과 배려팀이 예쁘게 앉아 있네요.

우리 친구들! 책상 위에 보면 모둠별로 물건과 용수철저울이 있어요.

다 받았나요?

자, 그럼 우리 학습지를 볼까요? 학습지는 여기 이 부분을 채워주는 거예요.

용수철저울에 물건을 달아서 그 물건의 힘의 크기를 알아보고, 여기 빈칸에 적어 볼게요.

활동 시간은 15분 드립니다. 시작!

4 모음을 천천히 늘려주는 '느림강조'

"중요한 키워드를 꾹 눌러주듯이 늘려서 강조하자."

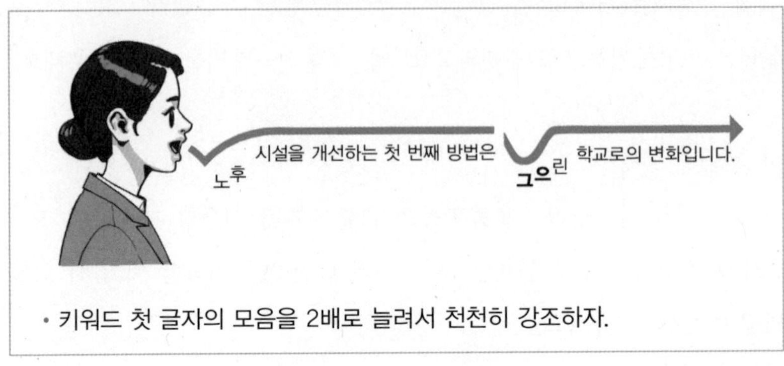

• 키워드 첫 글자의 모음을 2배로 늘려서 천천히 강조하자.

| 그림 37 |

제대로 쓰면 아주 큰 효과를 주지만, 실제로 표현하기가 가장 힘든 강조기법은, 바로 '느림강조'입니다. '느림강조'는 키워드 첫 글자의 모음 또는 첫 글자와 두 번째 글자의 모음을 길게 발음해 키워드를 각인시키는 기법인데요.

기본적인 글자의 속도가 '1'이라면 키워드의 첫 글자, 또는 첫 글자와 두 번째 글자를 2배 정도의 길이로 길게 소리 내는 것이죠. 예를 들어, '중요합니다.'의 첫 글자인 '중'의 모음 '우'를 늘려서 '주웅요합니다.'의 형식으로 말하는 것입니다.

면접은 긴장감이 상당히 높은 상황이라, 대부분은 생각한 답변을 잊어버릴까봐 급히 쏟아내기 바쁜데요. 이런 상황에서 특정 키워드를 천천히 소리 내는 것이 쉬운 일은 아닙니다. 하지만 특정 부분을 천천히 답변하면, 속도의 변화로 인해 키워드가 더 잘 강조되니 '느림강조' 연습을 많이 하면 좋은데요.

발음하기 까다로운 어휘, '많다', '적다'처럼 정도를 나타내는 말의 부사형, '매일', '엄청' 등의 빈도 부사 그리고 '안', '없', '못' 같은 부정어는 '느림강조'로 표현해 주면 훨씬 더 자연스럽게 말한다는 느낌을 줄 수 있죠. 따라서 키워드 강조와 자연스러운 전달을 위해 '느림강조' 표현을 반드시 사수하면 좋습니다.

느림강조 집중 연습 ❶

교육과정-수업-평가 일체화란 / 말 그대로 / 교사에 의해 재구성된 교육과정과 수업, 그리고 평가를 일체화한다는 것입니다.

너무나 당연하게 들리는 이 말은 / 기존의 학교와 교육 현장에서 그렇지 못-한 사례가 너무 많았기 때문에 / 크게 주목을 받았습니다.

[모오탄]

예를 들어, / 농구 경기를 하며 팀워크의 중요성에 대해 배웠는데 / 평가는 자유투 횟수로 등급을 부여하는 것과 같은 사례가 많았습니다.

이러한 문제의식에서 출발한 교육과정-수업-평가의 일체화는 / 교사와 학생들의 상호 작용을 통해 배움이 일어나고, 이를 토대로 평가하자는 것입니다.

저는 이를 실현하기 위해 다음과 같이 노력하겠습니다.

첫째, 전문적 학습공동체나 연수와 서적으로 역량을 기르고, / 교육적 문해력을 바탕으로 교육과정을 창의적으로 재구성하겠습니다.

둘째, 학생들과의 상호작용으로 배움중심수업을 구성하고, / 동 교과 교사와의 협력과 자기장학으로 수업 발전을 이루겠습니다.

셋째, 이 과정을 성장 중심으로 평가하여 / 내실 있는 기록과 이에 대한 피드백으로 학생들의 성장 발달에 기여하겠습니다.

이를 통해, / 우리 아이들의 진정한 성장이 이루어지고 / 신뢰할 수 있는 공교육을 만들어갈 수 있다고 생각합니다.

느림강조 집중 연습 ❷

학업중단 위기에 빠진 학생에게 / 저는 우선 / 학업중단숙려제를 제안하겠습니다.

학업중단숙려제는 / 학업중단 의사를 밝힌 학생들에게 / 다양한 상담 및 체험 프로그램을 제공하여 / 학교에 잘 적응하고 학업중단을 예-방 [예에방] 하기 위한 제도입니다.

실제로 제가 기간제 교사로 근무할 때, / 담임 반 학생이 등교를 거부하는 상황이 있었습니다.

관계 맺기에 서툴렀던 이 학생은 / 단짝 친구와의 갈등으로 학교에 마음을 나눌 친구가 전혀 없-다 [어업따] 보니 / 등교조차 하기 싫었던 것인데요.

저는 당시 / 위클래스 상담 선생님과 협의를 통해 / 학업중단숙려제를 학생에게 제안했고,/ 숙려기간에는 매-일 [매애일] 전화로 상담하고 / 학교에 나올 때보다 더 시시콜콜한 대화도 나누며 / 심리적 거리를 좁혔습니다.

가정과의 연대를 위해 학부모님께도 협조를 구했고, / 학급 친구들과 쌓였던 오해도 풀게 됐습니다.

결국 이 학생은 다시 학교로 돌아왔고, / 무사히 졸업까지 할 수 있었습니다.

이처럼 학업중단 위기에 빠진 학생에게 제도적 도움뿐만 아니라 / 교사로서 관심과 애정을 보이고 정서적으로 지지해 주어 / 학생이 어려움을 극복할 수 있도록 도와주겠습니다.

5 긴장을 주어 강조하는 '멈춤강조'

"키워드 앞에서 1초간 멈추었다가 강조하자."

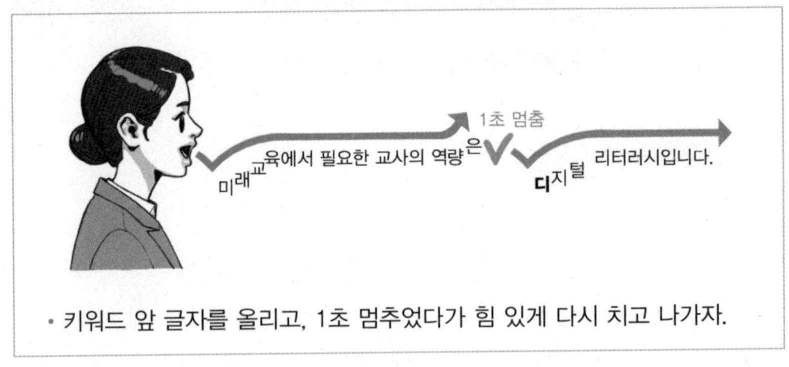

• 키워드 앞 글자를 올리고, 1초 멈추었다가 힘 있게 다시 치고 나가자.

| 그림 38 |

'멈춤강조'는 우리가 TV에서 자주 봐 온 강조기법입니다. 오디션 프로그램 우승자를 결정할 때, "오늘의 우승자는!"을 외친 뒤 바로 우승자를 호명하는 것이 아니라, 몇 초간의 멈춤 뒤에 우승자를 호명하죠? 이처럼 '멈춤강조'는 강조해야 할 키워드를 말하기 바로 직전에 사용합니다. 잠시 멈추었다가 강조할 키워드를 말하는 것이죠. '멈춤강조'를 활용할 때는 다음 세 가지의 주의 사항을 꼭 기억해야 합니다.

첫째, '멈춤강조'는 전체 답변의 가장 중요한 핵심 키워드를 말할 때 한 번 정도만 사용하는 것이 좋습니다. '멈춤강조'를 너무 자주 사용하면 중간에 말이 끊기는 느낌이 들기 때문이죠.

둘째, 멈추는 시간을 1초 정도로 제한해야 합니다. 간혹 너무 길게 멈추었다가 키워드를 말하는 사람도 있는데요. 긴장감을 극도로 높여야 하는 상황이 아니라면, 답변할 때는 짧게 1초 정도만 멈추고 바로 키워드로 답해야 합니다.

셋째, '멈춤강조'는 키워드 바로 앞에서 사용하면 좋습니다. 핵심 키워드의 직전 글자에서 음을 올리고 잠시 멈춘 뒤에 '강함강조'나 '느림강조'를 사용해서 키워드를 말하는 것이죠. 키워드 앞에서 멈추기만 하지 말고 음을 살짝 올리면 음의 낙차가 생기면서 더 효과적으로 강조할 수 있습니다. 잠시 멈춘 뒤에 키워드의 첫 글자를 아래로 강하게 눌러주거나 느리게 말하면 핵심 키워드의 전달력이 더 높아집니다. '키워드 앞 글자 올리기, 멈추기, 힘 있게 키워드 시작하기'의 순서이죠.

Tip 키워드 앞 글자의 음을 올리는 것은 어떤 강조에서도 다 사용할 수 있다. 자연스럽게 말하기 위해서는 키워드 앞 글자의 음을 올려보자.

멈춤강조 집중 연습 ❶

제가 ○○시·도 교사가 된다면↗ / ∨회복적 생활지도 전문적 학습공동체에 참여하고 싶습니다.

왜냐하면 생활지도 영역이 아직은 낯설고 어렵게 느껴져서 / 선배 교사분들께 많–이 배우고 싶기 때문입니다.

[마아니]

그분들의 경험을 / 제가 공부한 교육학 이론, 그리고 상담 이론과 접목하여 / 저만의 교직관을 더 공고히 하고 싶습니다.

이를 통해 / 학생들과 소통하며 진정한 교사로 거듭날 수 있고, / 신규교사로서 역량을 더욱 강화할 수 있다고 생각합니다.

멈춤강조 집중 연습 ❷

지금까지 / 6·25 전쟁의 여러 측면에 대해서 / 함께 알아보았습니다.

자, 그럼 / 우리 배운 내용을 토대로 / 여러분의 상상력을 더하는 / 가상 인터뷰 활동을 해볼 건데요!

이름하여↗ / ∨그분이 알고 싶다!

핵심 요약정리

1. 핵심 키워드의 첫 글자를 아래로 누르듯 쿵 치면서 짚어주자. 문장의 시작, 의미 단위의 시작도 비슷하게 강조를 해주면 좋다.
2. 강조는 '강함강조', '약함강조', '느림강조', '멈춤강조'의 네 가지가 있다. 다양하게 사용하자.
3. '약함강조'는 수업실연에서 가끔 주의를 끌기 위해 사용할 수 있지만, 면접에서는 사용하지 않는다.
4. '느림강조'는 키워드뿐만 아니라 발음하기 까다로운 어휘 등에 다양하게 사용할 수 있다.
5. '멈춤강조'는 전체 답변의 핵심 키워드 바로 앞에서만 한 번 사용하고, 1초 정도로 멈추는 시간을 제한하자.

STEP 07 # 리듬

"AI 선생님을 임용할까?"

2018년 국어 임용을 준비하는 수험생이 있었습니다. 필기 합격자가 발표된 직후 꾸려진 스터디 첫날, 모의 면접을 진행했다고 하는데요. 스스로 괜찮게 답변했다고 생각했지만, 스터디원이 던진 한 마디에 큰 충격을 받았다고 했습니다.

바로 "AI 같아요"라는 피드백때문이었죠. 수업실연을 할 때는 괜찮았지만, 면접 답변은 스스로 생각해 봐도 ARS 안내 음성같이 해 왔다는 생각이 들었다는데요. 도저히 이 문제는 혼자서 해결하기 어려울 것 같아 찾아온 것이었습니다. 그래서 답변할 때 조금 더 말하는 느낌으로 자연스럽게 표현하는 방법을 익혔고, 현재는 서울시 교사가 되었습니다.

고저강약을 넣어서 답변하자

"강조하고 포물선 그리기를 반복해서 답변하되, 끝 음에 변화를 주자."

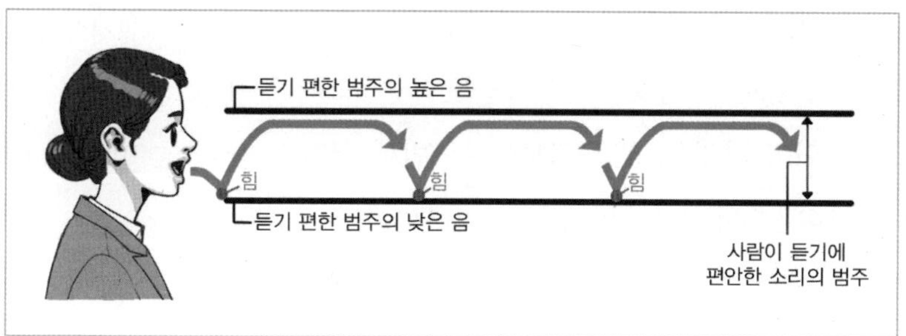

| 그림 39 |

AI 기계음과 사람 목소리는 어떤 차이가 있을까요? AI는 모든 글자의 목소리 표현이 일정하여 의미 단위 구별이 분명하지 않은 경우가 있습니다. 그러나 사람은 그렇지 않죠. 요즘은 기술이 많이 발전해서 AI 음성도 사람이 말하는 것처럼 들리는 경우도 많지만, 이 둘의 미세한 음성 차이를 우리는 분명히 구분할 수 있는데요.

자신이나 주변 인물이 말할 때, 내용보다 목소리를 어떻게 표현하는지 귀 기울여 집중해 보세요. 그러면 높낮이와 강약이 있다는 사실을 발견할 수 있을 겁니다. AI 목소리와 사람 목소리의 차이는 바로 '고저강약'의 여부인데요. 수업실연과 면접에서 '고저강약'을 넣어 자연스럽게 말하려면 어떻게 해야 할까요?

포물선 그리기와 강조기법을 섞자

목소리의 기본 원칙에서 살펴본 '포물선 그리면서 소리내기'는 '고저강약'의 리듬을 넣어 답변하기의 가장 기본입니다. 포물선 그리기 자체가 낮은음에서 높은음으로 변화를 주기 때문인데요. 처음부터 끝까지 똑같은 톤으로 말하는 것이 아니며, 문장의 시작 또는 의미 단위의 첫 글자보다 두 번째 글자의 음을 높여 소리 내면 자연스럽게 포물선이 그려집니다.

그리고 포물선을 더 자연스럽게 표현하려면, 바로 직전에 배운 '강함강조' 기법을 같이 적용하면 좋은데요. 농구공을 아래로 힘있게 튕기면 바닥을 찍고 힘 있게 올라가는 것과 같이, 첫 글자에 힘을 주고 포물선을 그리듯 소리 내면 '고저강약'이 모두 들어간 리듬감 있는 목소리를 표현할 수 있습니다.

의미 단위의 마지막 글자에 변주를 주자

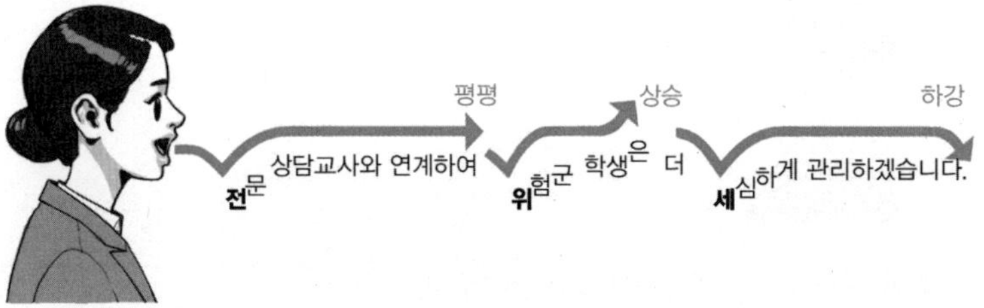

평평 상승 하강

전문 상담교사와 연계하여 위험군 학생은 더 세심하게 관리하겠습니다.

• 의미 단위의 끝 음을 다양하게 구사해야 자연스럽다.

| 그림 40 |

전반적인 답변의 자연스러움을 위해서는 포물선과 강조가 중요합니다. 하지만 이것만으로는 2% 부족한 느낌인데요. 이때, 의미 단위 마지막 글자의 음을 다양하게 처리할 수 있으면, 훨씬 더 말하는 느낌으로 답변할 수 있죠. 이를 '어미처리'라고 합니다.

'어미처리' 방법은 끝 음을 앞에서 구사한 음과 똑같이 평평하게 하는 '평조', 살짝 올리는 '상승조', 힘을 빼는 '하강조' 그리고 살짝 꼬아주는 '꼬임조'까지 4가지가 있는데요. 뒤에서 좀 더 자세히 설명하겠습니다.

'어미처리'를 잘하기 위해서는 의미 단위가 무엇인지 다시 한번 확실히 이해할 필요가 있는데요. 의미 단위는 한 문장을 쪼갤 수 있는 단위를 말합니다. 의미 단위를 구분하는 대표적 기준은 확연히 의미가 끊어지는 부분 이외에도 세 가지가 있죠.

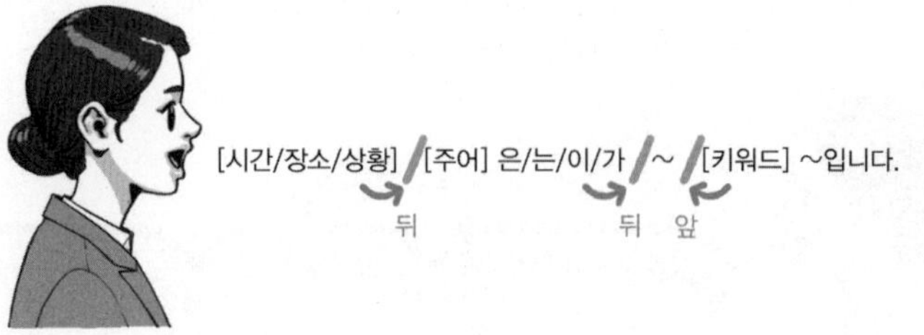

[시간/장소/상황] / [주어] 은/는/이/가 / ~ / [키워드] ~입니다.
뒤 뒤 앞

• 주어 뒤와 키워드 앞은 반드시 끊어주자.

| 그림 41 |

첫 번째는 시간·장소·상황의 부사절 '뒤', 두 번째는 주어 '뒤', 세 번째는 키워드 '앞'입니다. 여기서 포인트는 키워드의 앞에서 끊어준다는 것이죠.

1) "비대면 수업 상황에서 가정 내 학대를 의심할 수 있는 대표적 단서는 계절에 어울리지 않는 옷차림입니다."

2) "비대면 수업 상황에서 / 가정 내 학대를 의심할 수 있는 대표적 단서는 / 계절에 어울리지 않는 옷차림입니다."

위 답변을 예로 들어보겠습니다. 위 문장은 "① 비대면 수업 상황에서 ② 가정 내 학대를 의심할 수 있는 ③ 대표적 단서는 ④ 계절에 어울리지 않는 ⑤ 옷차림입니다."처럼 5가지의 작은 의미 단위로 쪼갤 수 있습니다. ①은 특정 상황을 나타내는 부사절, ③은 주어, ⑤는 문장의 핵심 키워드, ②와 ④는 키워드를 수식해 주는 부분인데요. 이처럼 한 문장은 여러 개의 의미가 서로 결합되어 있죠.

답변할 때는 이렇게 작은 의미 단위마다 끊어서 소리 내는 것이 아니라 조금 더 연관성 깊은 의미끼리 큰 덩어리로 붙여서 소리 내면 좋은데요. "① 비대면 수업 상황에서 ② 가정 내 학대를 의심할 수 있는 대표적 단서는 ③ 계절에 어울리지 않는 옷차림입니다."와 같이 세 부분으로 쪼개서 말해야 합니다.

①, ②, ③의 첫 글자는 물론, 핵심 키워드인 '옷차림'의 '옷'은 강조기법을 사용해야겠죠? 여기에 의미 단위 ①, ②의 어미(마지막 글자) '서', '는'의 음을 변화시켜 주면, 훨씬 더 말하는 느낌을 줄 수 있습니다. 그러면 '어미처리'를 어떻게 해야 할까요?

② 일정하고 힘 있게 밀어내는 ‘평조’

“의미 단위의 끝까지 일정하게 소리를 밀어내자.”

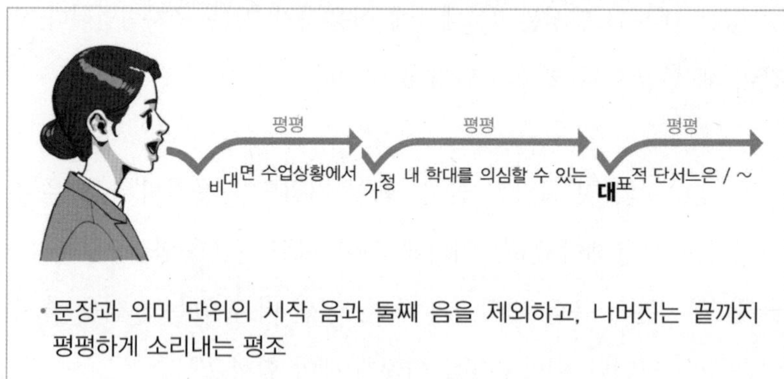

- 문장과 의미 단위의 시작 음과 둘째 음을 제외하고, 나머지는 끝까지 평평하게 소리내는 평조

| 그림 42 |

안정감 있는 음성 표현의 효과가 있고, 사투리와 서울말을 구분하는 대표적인 ‘어미처리’ 기법은 바로 ‘평조’입니다. ‘평조’는 말 그대로 평평한 소리를 의미하는데요. 아나운서들의 목소리가 안정감 있는 이유가 바로 이 평조를 잘 쓰기 때문이죠.

일반적인 사람은 말할 때 작은 의미 단위의 끝마다 음을 올리므로, 한 문장 안에서도 리듬의 변화가 잦습니다. 하지만 아나운서들은 말할 때 의미 단위를 길게 해서 평평하게 소리 내는 구간이 많은데요. 이 때문에 리듬의 변화가 크지 않아 상대적으로 안정감 있게 들리는 것이죠.

큰 의미 단위와 큰 호흡이 핵심이다

평조의 기본 흐름은 포물선을 그린 후 세 번째 글자부터 의미 단위의 마지막까지 평평하게 소리 내는 것입니다. 이때, 의미 단위를 크게 잡아 중간에 음을 올리거나 내리지 않고 끝까지 일정하게 밀어내는 것이 중요한데요.

의미 단위를 짧게 하면, 그만큼 어미처리해야 할 글자 수가 많아지면서 음이 변화될 가능성이 커지고, 의미가 끊겨서 들릴 수 있습니다. 그러니 의미 단위를 크게 잡아 소리 내는 연습을 해야 하죠. 그리고 평조를 잘하려면 충분한 호흡이 뒷받침되어 있어야 합니다. 호흡이 부족하면 자연스럽게 목에 힘을 주게 돼 계속해서 음이 위로 올라가기 쉬운데요. 충분히 호흡을 마치고 끝까지 일정한 음으로 소리 내는 연습이 필수입니다.

끝모음 밀어내기가 중요하다

평조는 의미 단위의 중간부터 평평하게 소리 내는 것이라고 말씀드렸는데요. 여기서 더 중요한 것은 의미 단위의 끝모음을 잘 밀어내는 것이죠. 끝모음을 잘 밀어내면 먹는 소리, 자신감 없는 소리로 인식되지 않고 의미 전달도 명확해집니다. 끝모음을 잘 밀기 위해서는 의미 단위 끝 글자의 모음이 2개 있다는 생각으로 소리 내주면 좋은데요.

세계시민교육은 수업 밖에서도 이루어져야 합니다."라는 예문이 있다면, "세계시민교육으은 / 수업 밖에서도 이루어져야 합니다아." 와 같이 의미 단위의 끝모음을 살짝 길게 밀어주는 것이죠. 이때 소리는 올라가거나 내려가지 않고 앞으로 향하도록 해야 합니다.

 # 평조 집중 연습

자유학년제는→ / 기존의 자유학기제를 확대한 것으로→ / 중학교 1학년 동안→ / 적극적인 진로 탐색의 기회를 제공하기 위해→ / 마련된 제도입니다.→

이 시기에 학생들은→ / 중간·기말고사를 보지 않고,→ / 강의식 수업에서 벗어나→ / 토론과 실습 위주의 참여형 수업과→ / 직장 체험활동과 같은→ / 진로 탐색 교육을 받게 됩니다.→

③ 힘 빼고 음을 올리는 '상승조'

"힘을 빼고 음만 살짝 올리자."

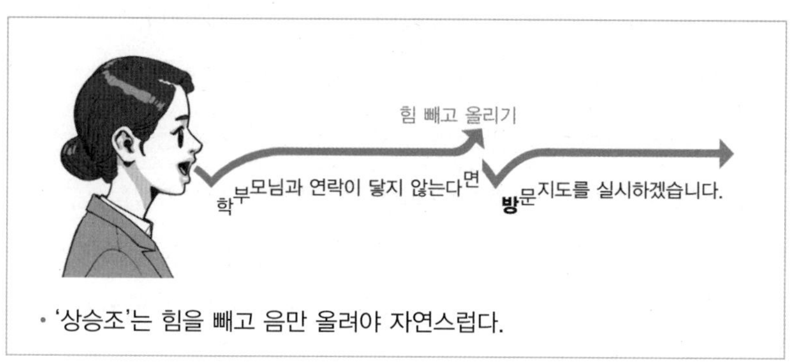

• '상승조'는 힘을 빼고 음만 올려야 자연스럽다.

| 그림 43 |

우리가 평소에 가장 많이 사용하는 어미처리 방법이 '상승조'입니다. '상승조'는 말 그대로 포물선을 그리면서 평조로 쭉 소리 내다가 의미 단위의 끝 음을 위로 올리는 것인데요. '상승조'를 적절하게 사용하면, 답변도 평소 말하는 것처럼 자연스러운 느낌을 줄 수 있습니다.

하지만 상승조는 면접 같은 공식적인 말하기 상황에서 잘 쓰지 못하거나 잘못 사용하고 있을 가능성이 높은데요. 그 이유는 평소에 '상승조'를 정확하게 사용해 오지 않았기 때문이죠.

'상승조'의 포인트는 음만 올리는 것이다

'상승조'는 힘줘서 음을 올리는 것이 아니라, 힘을 빼고 음만 올리는 것이 포인트인데요. 힘줘서 음을 올리면 찌르는 듯한 느낌, 아이 같은 느낌을 주면서 목소리의 안정감이 깨집니다. 그런데 우리는 왜 '상승조'를 사용할 때 힘을 가득 주면서 올릴까요?

목소리를 내는 순간 호흡은 밖으로 빠지기 시작합니다. 그래서 말을 계속하다 보면 호흡은 점점 고갈될 수밖에 없는데요. 그러므로 문장 첫 시작이나 의미 단위의 시작 전에 반드시 적절한 숨을 채워 넣어야 합니다.

하지만 대부분은 숨을 채우지 않은 상태로 계속 말을 이어 가죠. 숨이 부족한 상태로 말을 하면, 어느 순간부터 목에 힘을 주기 시작합니다. 목에 힘이 들어가면 당연히 음도 조금씩 올라가는데요. 이처럼 처음부터 호흡이 충분하지 않거나, 의미 단위마다 숨을 채워주지 않으면, 말할수록 목에 힘이 들어가면서 음은 점점 높아집니다.

그래서 호흡 부족으로 인해 목에 힘이 들어간 억지 '상승조'가 표현되는 것이죠. 의미 단위마다 입으로 빠르게 충분한 호흡을 마시면서 말을 해야 합니다.

의미 단위를 크게 잡자

답변할 때 '상승조'를 잘못 사용해 유독 신뢰도가 낮아보이는 수험생이 있습니다. 대표적으로 일명 '아성'이라고 하는 아이 같은 느낌으로 말하는 지원자들이죠. 아성의 특징은 여러 가지가 있지만, 가장 큰 특징이 끝 음을 힘주며 올리는 빈도가 아주 잦다는 점입니다.

끝 음을 힘주면서 올리는 빈도가 잦은 것은 그만큼 의미 단위를 작게 잡아서 소리 낸다는 뜻인데요. 의미 단위를 너무 짧게 잡지 말고 조금 더 길게 잡아 음이 올라가는 빈도를 줄이면, 훨씬 안정감 있게 음성을 표현할 수 있습니다. 즉, 평조로 진행하는 구간의 비중을 늘리는 것이죠.

 # 상승조 집중 연습

자유학년제의 장점을↗ / 세 가지 측면에서 말씀드리겠습니다.

먼저, 학생 입장에서는↗ / 시험 부담에서 벗어나 꿈과 진로를 찾을 수 있고 / 진학 설계가 가능합니다.

숨겨진 역량과 가능성을 발견하고↗ / 내적 동기를 얻어 / 내실 있는 공부를 지속할 수 있습니다.

❹ 소리의 크기를 줄이는 '하강조'

"음을 내리지 말고 힘을 빼자."

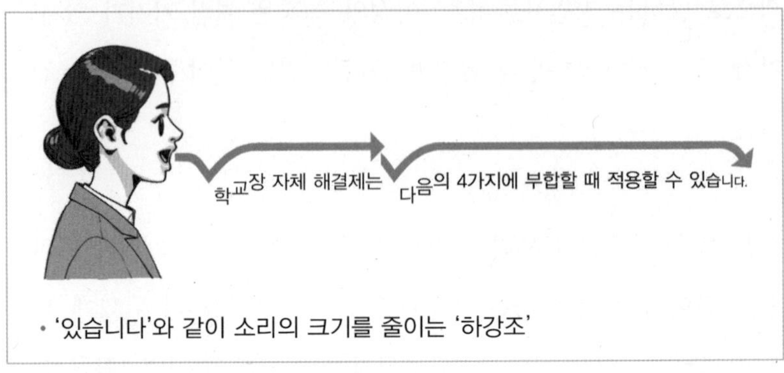

• '있습니다'와 같이 소리의 크기를 줄이는 '하강조'

| 그림 44 |

제대로 표현하기가 가장 어려운 어미처리 방법은 '하강조'입니다. '하강조'는 포물선을 그리며 소리 내다가 의미 단위 마지막 글자의 음이 내려가는 것처럼 처리하는 방식인데요. 음만 올리는 '상승조'와 반대 개념이라고 생각하기 쉽지만, 표현 방식이 사실 완전히 다른 어미처리 기법입니다.

방송에서 연예인들이 아나운서를 흉내 낼 때, '습니다', '입니다' 등의 서술어를 아래로 누르는 모습을 본 적 있을 텐데요. 실제로 음이 내려가는 것처럼 들리기는 하지만 사실 끝 음을 내리는 것은 아닙니다. 볼륨을 줄이듯이 소리의 크기를 점점 줄이는 것이죠.

먹지 말고 뱉으면서 힘을 빼자

'상승조'는 힘을 주지 않고 음만 올리는 것이라고 말씀드렸습니다. '하강조'는 반대로 음을 내리는 것이 아니라 소리 자체의 힘을 빼서 크기를 줄이는 방식인데요. 그런데 이렇게 끝으로 갈수록 소리의 크기를 줄이면 안으로 소리를 먹어버리는 경우가 많습니다.

제대로 음성 훈련이 되어 있지 않은 상황에서 '하강조'를 쓰다 보면, 도리어 끝 음을 흐리는 느낌을 줄 수 있는데요. '하강조'를 써야 할 타이밍에는 끝모음 소리를 점점 줄여나가면서도 밀어내는 방식을 연습해야 합니다.

전체 답변이 끝날 때만 사용하자

'하강조'는 긴 문장 중간에 끊어지는 부분이나 서술어 처리할 때 언제든 사용해도 무방합니다. 하지만 앞서 말씀드렸듯 소리의 힘을 빼고 제대로 밀어내는 훈련이 되어 있지 않은 상황에서 '하강조'의 빈도가 높아지면 서술어를 먹는 느낌을 주기 쉽습니다. 전반적으로 답변이 처지고 자신감도 없어 보이며 답답한 인상을 줄 수도 있죠.

하강조는 마치 답변을 마무리하는 느낌을 주므로, 모든 답변을 다 마무리할 때 한 번 정도 '하강조'를 사용하면, 평가위원은 자연스럽게 답변이 끝났다는 느낌을 받을 수 있습니다.

 # 하강조 집중 연습

다음으로, 학부모 입장에서는 / 자녀가 다양한 경험을 하며 성장하는 모습을 볼 수 있습니다.↘

결국 이것은 / 공교육에 대한 신뢰를 높이는 장점이 있습니다.↘

마지막으로, 교사는 주제학습을 구성하는 과정에서 / 전문성을 키울 수 있고 / 긍지와 열정이 살아나게 됩니다.↘

나열 시, '상승조'와 '하강조'를 사용하자

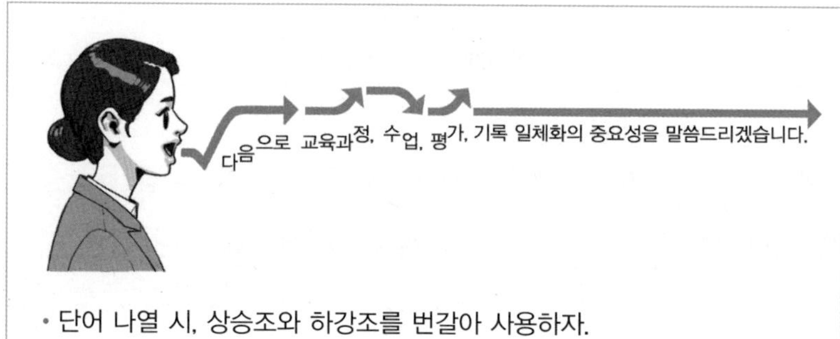

| 그림 45 |

답변할 때, 간혹 2가지 이상의 단어를 나열해야 할 때가 있습니다. 이때, 각 단어를 쭉 이어서 소리 내는 것이 아니라 각 단어의 끝에 상승과 하강을 번갈아 표현해 주면 좋은데요.

예를 들어, '교육과정–수업–평가–기록' 일체화의 중요성을 답변한다면, 각 단어의 끝 글자인 '정', '업', '가', '록'을 위아래로 올렸다가 내리는 것이죠. 이렇게 단어나 비슷한 유형의 문장이 두 가지 이상 나열될 때는 '상승조'와 '하강조'를 번갈아 가면서 사용해 봅시다.

5 어미에 얕은 물결을 주는 '꼬임조'

"어미를 위아래로 오르락내리락하자."

평소 말하듯 자연스럽게 소리 낼 수 있는 어미처리법인 '상승조'를 앞서 설명드렸는데요. 실생활에서 '상승조'만큼이나 많이 사용하면서도 부드러운 인상을 줄 수 있는 '꼬임조'도 있습니다. '꼬임조'는 의미 단위의 끝모음을 위아래로 물결치면서 소리 내는 방식인데요. 유치원 선생님이 아이에게 말할 때 사용하는 어투라고 보시면 편합니다.

어미를 위아래로 움직이면서 소리 내면, 상대방에게 상당히 친절하고 살가운 느낌을 줄 수 있는데요. 이를 면접장에서, 특히 수업실연할 때 간혹 사용하면 훨씬 부드럽게 진행하는 느낌을 줄 수 있습니다.

많이 사용하면 좋지 않은 '꼬임조'

'꼬임조'는 맛을 내는 소금과 비슷합니다. 적당량의 소금은 음식의 맛을 살려주지만 과하게 넣으면 소태가 되죠. 마찬가지로 '꼬임조'를 사용하는 빈도가 잦아도 좋지 않고, 한 번 사용하더라도 너무 많이 꼬게 되면 오히려 역효과를 낼 수 있습니다.

'꼬임조'를 모든 문장에서 다 사용하면, 마치 아이를 대하는 느낌을 줄 수 있는데요. 두세 문장에 한 번 정도 사용하면서 빈도를 조절해야 합니다.

또 한 문장 내에서 '꼬임조'를 쓰더라도 너무 많이 꼬거나 길게 꼬면 마찬가지로 아이를 대하는 느낌을 줄 수 있습니다. 사용하는 빈도나 길이가 항상 적절해야 함을 잊지마세요.

 # 꼬임조 집중 연습

우리 나영이가 손을 들었네요? 아 그랬구**나**~
소연이가 고은이 도움을 받아서 / X를 O로 바꿔줬어요! 소연이 고마워**요**~
여러분! 수학 문제 틀려도 괜찮아**요**~
자신감을 가지고 조금씩 성장하며 / 즐거운 수학시간을 함께 만들어**요**~
백설아, 지난 시간에 배운 내용이 잘 생각나지 않는구**나**~
그럼 모둠 친구들이 말하는 핵심 키워드를 잘 들어보고, / 백설이가 가장 중요하다고 생각하는 단어를 / 딱 한 가지만 뽑아서 그대로 말해보**렴**~

핵심 요약정리

1. 강조와 포물선을 그리면서 소리 내면 자연스러운 리듬이 생긴다.
2. 답변전달의 안정감을 위해서는 의미 단위를 길게 잡고 '평조'를 활용하자.
3. '상승조'는 내용 전달의 자연스러움을 준다. 힘주지 말고 음만 올리자.
4. '하강조'는 음을 내리는 것이 아니라 힘을 빼는 것이다.
5. '꼬임조'는 답변 시, 한두 번 정도 활용하면 자연스러움이 배가 된다.

실전 연습 _ 적절한 강조 표현과 다양한 리듬 사용으로 자연스럽게 예문 낭독하기

CASE ❶

교사에 의해 이루어지는 일방적인 지시와 학생들의 순응, 그리고 여기에 수반되는 통제와 상벌 요소들은 모두 교실 내 비민주적 요소의 기본 토양이 됩니다. / 저는 교실 속 수업 장면과 생활 지도 속에서 학생들이 민주적인 절차에 따라 민주시민의 기본 자질을 함양할 수 있도록 지도할 것입니다. 이를 위해 다음 두 가지 방법으로 노력하겠습니다.

첫째, 참여형, 협력형, 토론형 수업 등 학생 참여 수업을 활용할 것입니다. / 이를 토대로 수업에서 학생들이 참여와 협력, 의견 제시와 수용 등의 경험을 쌓아 민주시민의 기본 자질을 함양할 수 있도록 하겠습니다.

둘째, 작게는 학급 규칙, 크게는 생활지도 과정에서도 학생들의 의견을 최대한 경청하고 상호 수용할 수 있도록 토대를 만들어보고 싶습니다. / 이렇게 말 한마디로 축약할 수 있을 만큼 쉽지 않겠지만, 동료 선생님들과 함께 전문성과 책무성을 지속적으로 함양하도록 최대한 노력하겠습니다.

CASE ❷

자유학년제는 기존의 자유학기제를 확대한 것으로 중학교 1학년 동안 적극적인 진로 탐색의 기회를 제공하기 위해 마련된 제도입니다. / 이 시기에 학생들은 중간·기말고사를 보지 않고, 강의식 수업에서 벗어나 토론과 실습 위주의 참여형 수업과 직장 체험활동과 같은 진로 탐색 교육을 받게 됩니다. / 자유학년제의 장점을 세 가지 측면에서 말씀드리겠습니다.

먼저, 학생 입장에서는 시험 부담에서 벗어나 꿈과 진로를 찾을 수 있고 진학 설계가 가능합니다. / 숨겨진 역량과 가능성을 발견하고 내적 동기를 얻어 내실 있는 공부를 지속할 수 있습니다.

다음으로, 학부모 입장에서는 자녀가 다양한 경험을 하며 성장하는 모습을 볼 수 있습니다. / 결국 이것은 공교육에 대한 신뢰를 높이는 장점이 있습니다.

마지막으로, 교사는 주제학습을 구성하는 과정에서 전문성을 키울 수 있고 긍지와 열정이 살아나게 됩니다.

CASE ❸

"꿈이 다르면 배움도 다르다." / 고교학점제란 학생이 자신의 진로에 따라 다양한 과목을 선택 및 이수하고, 누적 학점이 기준에 도달할 경우 졸업을 인정받는 제도입니다.

먼저, 저의 장점과 좋아하는 분야를 말씀드리겠습니다. / 저는 제가 알고 있는 지식과 생각을 다른 사람에게 잘 이해시키고, 다양한 에피소드를 활용하여 생동감 있게 전달하는 이야기꾼입니다. / 또한, 제가 좋아하는 분야는 파워포인트 만들기와 설득 스피치입니다.

이러한 저의 특성을 바탕으로 개설하고 싶은 고교학점제 과목은 '프레젠테이션 스피치' 수업입니다. / 기업 분석과 프레젠터 소양 갖추기를 주요 내용으로 구성하여 학생들의 기획능력과 발표능력을 신장시키고 싶습니다. / 특히, 사람들 눈에 띄는 파워포인트 제작법과 귀에 쏙쏙 들리는 말하기 기법, 그리고 대본을 작성하는 방법과 신뢰감 있게 발표하는 방법 등으로 수업을 구성할 계획입니다. / 이를 통해 학생들이 사회에 나가 자신감 있게 발표하고 자신의 색을 잘 드러낼 수 있을 것이라 생각합니다.

CASE ❹

원격수업에서 교육약자란 도움을 받지 않으면 원격수업을 통해 제대로 학습하기 어려운 학생을 의미합니다. / 특히 취약계층의 자녀나 자기주도 학습이 어려운 특수교육 대상학생, 기초학력 미달학생 등이 포함됩니다. / 교육격차를 줄이기 위한 담임교사로서의 방안을 두 가지 말씀드리겠습니다.

첫째, 취약계층의 학생에게는 스마트 기기와 데이터를 무료로 지원해 주고, 기초학력 미달학생에게는 배이스캠프를 추천하여 스스로 기초학력을 진단하고 학습할 수 있도록 돕겠습니다.

둘째, 메신저 등을 이용한 지속적 소통으로 학생에게 관심을 표현하고, 가정과 연대하여 학습 환경을 상시 점검하겠습니다. / 또 혼자 공부하는 것이 어렵다고 판단되면, 안전하게 방역 후에 학교로 불러 일대일 지도 및 소규모 그룹지도를 실시하겠습니다. / 이를 통해 온라인 수업으로 야기될 수 있는 교육 격차를 해소할 수 있다고 생각합니다.

CASE ❺

학생들의 성장과 배움을 이끌어 내기 위해서는 학교 내 많은 선생님들이 지속적으로 상호 협력해야 합니다. / 그런데 각각의 교무실과 교과교실로 분리돼 있는 상황에서 여러 선생님과 이야기 나눌 수 있는 기회가 부족한 것도 사실입니다. / 이를 방지하기 위해 저는 보건교사로서 다음의 세 가지 노력을 하겠습니다.

첫째, 별실에서 근무하는 시간 외에 동료 선생님들과 지속적으로 이야기를 나눌 기회를 만들어보겠습니다. / 예를 들어, 보건실을 자주 찾는 학생들과의 소통 과정에서 담임 선생님들도 알아두면 좋을 사항들은 정리해서 이야기 나누는 시간을 갖도록 노력할 것입니다.

둘째, 보건 수업이나 성교육 지도 중에 발생한 특이사항이 있다면 학년별 부장 선생님들과도 공유하는 시간을 가져보고 싶습니다.

셋째, 교내 학생들 사이에서 성 관련 사건이 발생했을 경우, 상담교사와 생활지도 담당 교사와의 연계를 통해 피해 학생의 상처를 보듬고, 가해 학생에 대한 지도를 위해서 상호 협력하겠습니다.

STEP 08 # 목소리 사례별 해결책

"이런 목소리는 어떻게 교정하죠?"

1 아성

"풍부한 호흡, 상승조 처리방법, 긴 의미 단위, 첫 글자 누르기."

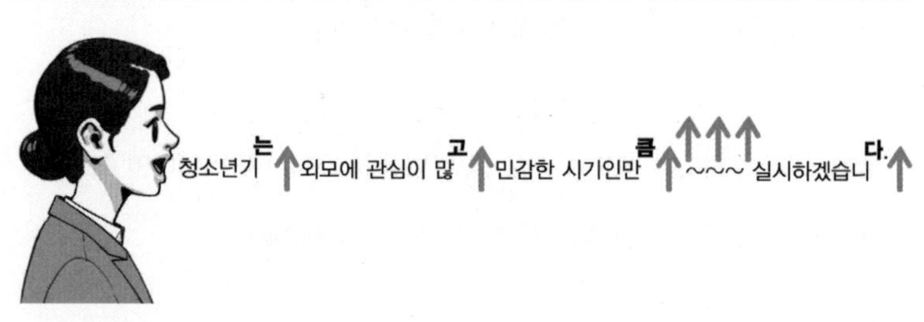

• 첫 음이 높고, 끝 음을 힘주어 올리는 구간이 많은 '아성'

| 그림 46 |

아성(兒聲)은 어린아이 같은 말투와 목소리 등을 총칭하는 단어입니다. 귀엽고 애교 섞인 말투라 호감의 요소도 분명 있지만, 임용 2차 시험의 심층면접이나 수업실연에서는 오히려 역효과를 낼 수도 있는데요. 아성인 분들은 너무나도 공감하겠지만, 아성은 목소리 자체만으로도 안정감과 신뢰감을 주기 어렵고, 내용의 신뢰도까지 낮아보일 수 있습니다.

아성은 내 잘못이 아니다

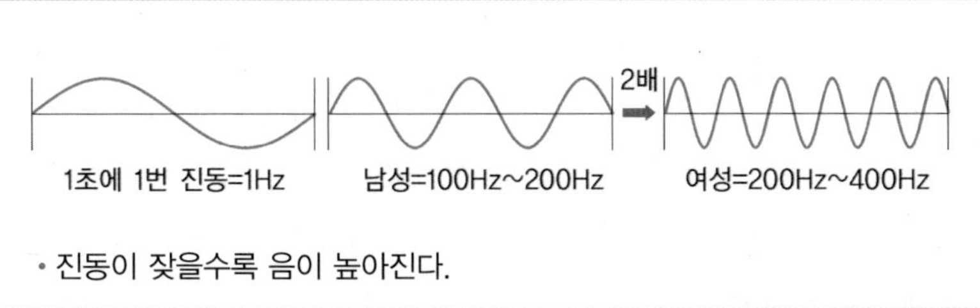

| 그림 47 |

아성을 유발하는 여러 가지 특징이 있는데요. 지금부터 하나씩 알아보겠습니다. 첫째, 헤르츠 차이 때문인데요. 아성은 특히 여성에게 많습니다. 아성 교정 희망자의 90% 정도를 차지하죠. 왜 아성은 여성분들에게 많을까요? 그 이유는 목소리의 진동 주파수(헤르츠)가 남성에 비해 높기 때문입니다.

1초에 1번 진동이 발생할 때, 우리는 이를 보통 1헤르츠(Hz)라고 표현합니다. 남성의 목소리는 낮게는 100Hz에서 높게는 200Hz 사이인데요. 하지만 여성의 목소리는 낮게는 200Hz에서 높게는 400Hz까지 진동이 발생합니다. 진동이 잦게 발생하다 보니, 소리가 더 얇고 가늘게 표현되며 높게 들리죠.

이런 헤르츠 차이가 극적으로 벌어지는 때가 바로 2차 성징기입니다. 어릴 때는 큰 차이 없이 모두가 높은 소리를 내지만, 2차 성징 시기에 남성은 목소리가 한 번 극적으로 바뀌면서 헤르츠가 낮아지지만, 여성은 변성기가 와도 큰 변화 없이 지나가는 경우가 많습니다. 그래서 점점 톤의 차이가 생기는 것이죠.

둘째, 사회적 학습효과도 무시하지 못하는데요. 요즘은 개성이 존중받는 시대이지만, 현재 임용을 준비하고 있는 분들만 해도 어릴 때, 이런 말 들어본 분들도 있을 겁니다. "남자애가 왜 이렇게 여자처럼 말하니?", "여자애 목소리가 왜 이렇게 걸걸하니?" 등 남녀라면 응당히 내야 하는 목소리가 있는 것처럼 시나브로 학습되어 온 것이죠.

그래서 자연스럽게 남성분들은 자신의 원래 목소리 톤보다 훨씬 낮춰서 목소리를 내야 하고, 여성분들도 높여서 목소리를 내야 하는 것으로 학습된 것입니다. 실제로 아성 교정 수업을 하면서 자신의 톤을 잡아주면 여성 대부분이 "선생님 지금 목소리 너무 낮은 거 아닌가요?"라고 말하기도 하죠. 자신이 원래 타고난 톤이 그렇게 높지 않은데 높은 음이 어느덧 익숙해진 것입니다.

아성의 특징

같은 여성이라고 해도 모두가 아성인 것은 아니죠? 그럼 유독 아이처럼 목소리를 내는 분들의 특징은 어떤 것이 있을까요?

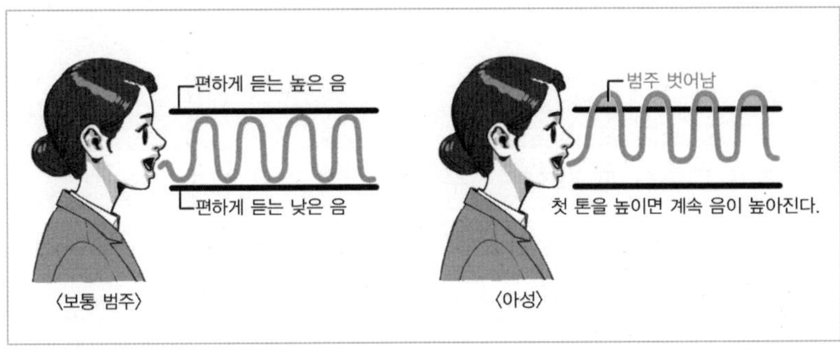

| 그림 48 |

첫째, 첫 글자의 톤을 높게 사용합니다. 앞서 말씀드린 헤르츠의 진동처럼 사람은 위아래로 리듬을 타면서 소리 냅니다. 첫 톤을 높게 표현하면 뒤로 갈수록 음은 점점 높아지는데요. 말하면 할수록 호흡이 빠져나가면서 목에 힘을 주기 때문이죠.

또 사람들이 편하게 듣는 높은음과 낮은음의 범주가 있는데요. 첫 톤을 높게 잡으면 편하게 듣는 높은음의 범주를 벗어날 확률이 높아지고 듣는 이가 불편함을 느낄 수 있습니다.

둘째, 호흡이 부족합니다. 첫 번째 이유에서 말씀드렸지만, 호흡이 부족하면 목에 힘을 줄 수밖에 없는데요. 목에 힘이 들어가니 위로 음이 뻗어 올라가게 되고, 또 문장과 문장 사이, 의미 단위와 의미 단위 사이에 호흡을 다시 채워주지 않으니 계속해서 목에 힘을 주는 것이죠.

호흡이 부족할 때 목에 큰 부담을 주지 않고 계속 말을 이을 수 있는 방법이 있는데요. 바로 음을 올리는 것입니다. 음을 올리면 호흡이 절약되는 느낌을 받으면서 말을 계속 이어 할 수 있죠. 호흡 부족이 이만큼 아성에 큰 영향을 미칩니다.

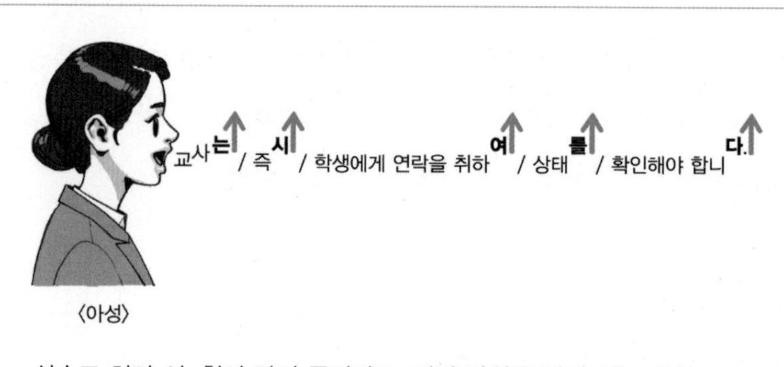

• 상승조 처리 시, 힘이 많이 들어가고, 의미 단위를 짧게 잡는 아성

| 그림 48 |

셋째, '상승조'를 제대로 활용하지 못합니다. '상승조'는 의미 단위의 끝 글자를 처리할 때 음을 올리는 것이죠? 이때 핵심은 힘을 주지 말고 음만 올려야 한다는 것이었죠.

아성을 쓰시는 분들은 대부분 풍부한 호흡을 바탕으로 소리 내지 않기 때문에, 상승조 처리 시 끝 음을 힘주면서 올리는 경우가 많습니다. 그래서 상승조로 끝 음을 처리할 때는 힘을 빼고 음을 올리거나, 평조로 끝까지 소리를 힘 있게 밀어내는 연습이 필요합니다.

넷째, 의미 단위를 작게 잡습니다. 사람은 본능적으로 의미 단위에서 음의 변화를 줍니다. 그런데 만약 의미 단위를 작게 잡아서 말한다면 어떻게 될까요? 그만큼 변화를 줘야 할 끝 음의 개수가 많아집니다. 아성의 경우 의미 단위를 작게 잡는 특성이 있는데요. 덩어리를 조금 더 길게 잡아서 일정하게 말하는 연습이 필요합니다.

아성인 수험생을 위한 연습 방법

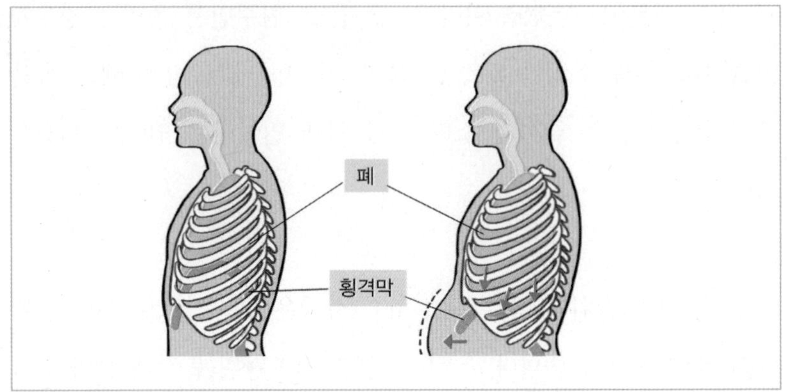

| 그림 8 |

아성이라고 해서 특별한 교정 방법이 있는 것은 아닙니다. 아성의 원인만 제대로 확인하고 연습한다면, 아성도 충분히 빠르게 교정할 수 있습니다.

먼저, 입으로 빠르게 많은 숨을 마시고 뱉는 '복식호흡'이 가장 기본이 되어야 합니다. 사실, 복식호흡보다는 말하기 전에 숨을 마시고 말하는 습관을 들이는 것이 우선이겠죠. 이후 복식호흡을 적용해, 깊게 마시고 배를 당긴 후 소리 내보면서 점차 훈련 강도를 높여야 합니다. 'STEP 02. 복식호흡' 편을 참고해 주세요.

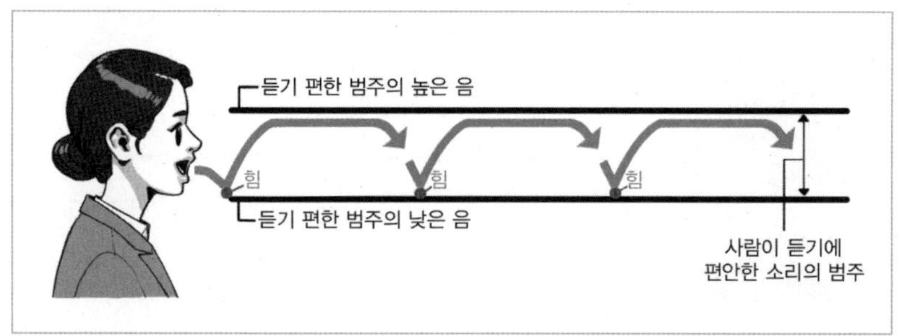

| 그림 39 |

다음은 포물선 그리기와 긴 의미 단위의 평조 훈련입니다. 포물선을 그릴 때 첫 글자를 입 밖으로 뱉어 내지만 아래로 쿵 치는 느낌으로 뱉어야 한다고 했는데요. 첫 톤을 높게 잡는 아성의 특성상, 첫 톤을 아래로 누르면서 말을 시작하면 톤이 점점 높아지는 것을 방지할 수 있습니다.

또 의미를 잘게 분절해서 전달하는 것이 아니라 '한 문장은 한 호흡으로' 진행한다는 생각으로 의미 단위를 길게 잡으면, 아성의 느낌을 줄일 수 있습니다. 여기에 의미 단위의 끝 글자는 평평하게 앞으로 힘 있게 밀어내는 평조 훈련이 병행된다면, 아성의 느낌이 아주 금방 사라질 수 있죠.

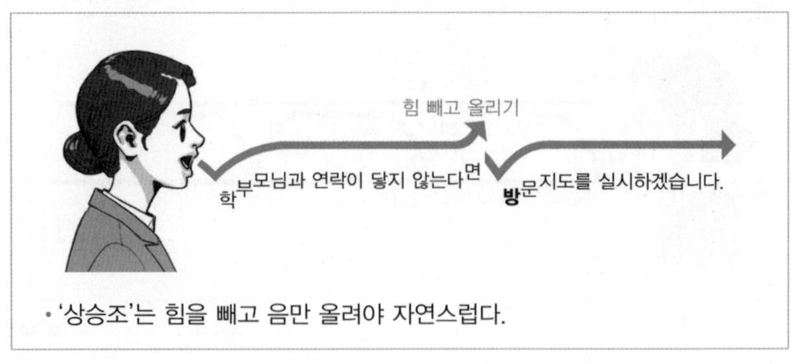

• '상승조'는 힘을 빼고 음만 올려야 자연스럽다.

| 그림 43 |

마지막은 '상승조' 연습입니다. 음을 올릴 때 힘을 주지 않고 음만 올리는 느낌으로 꾸준히 연습해야 하는데요. '도레미파솔라시도'의 음계가 있을 때 자신은 올린다고 생각하지만, 생각보다 힘을 주는 수험생이 많습니다. '도도미'의 진행이어야 하는데, '도도도!'와 같이 끝 글자에 힘을 주는 것이죠.

소리에 힘을 주면 자연스럽게 음이 조금 올라가는 효과가 있어서, 아성이 있는 수험생뿐만 아니라 대부분이 소리에 힘을 주는 것과 음을 올리는 것을 착각하는데요. 부드럽게, 가볍게 소리를 올리는 느낌으로 '상승조'를 연습해야 합니다.

비성

“모음을 밀어내는 연습이 핵심이다.”

〈비성〉

• 소리를 입으로 집중시키지 못해 의미 전달이 모호해지는 비성

| 그림 50 |

비성(鼻聲)은 말할 때, 입을 포함해 코까지 과하게 울려서 내는 소리를 말합니다. 웅웅대는 느낌과 더불어 의미가 상당히 모호하게 전달될 수 있는 소리이죠. 또 분명하고 또랑또랑한 느낌과는 대척점에 있기 때문에 임용 2차 시험에서는 최대한 지양해야 하는 소리이기도 합니다.

소리는 기본적으로 입안에서 울림(진동)을 주는 것이 맞습니다. 그리고 자음에는 원래 코를 울려 소리 내는 ‘ㄴ, ㄹ, ㅁ, ㅇ’의 울림소리도 있으므로 코를 울리는 것도 필요한데요. 하지만 문제는 얼마나 과하게 울리는지, 즉 정도의 문제입니다. 과유불급이라는 말처럼 너무 과하게 코를 울리기 때문에 문제가 되는 것이죠.

비성이 발생하는 이유

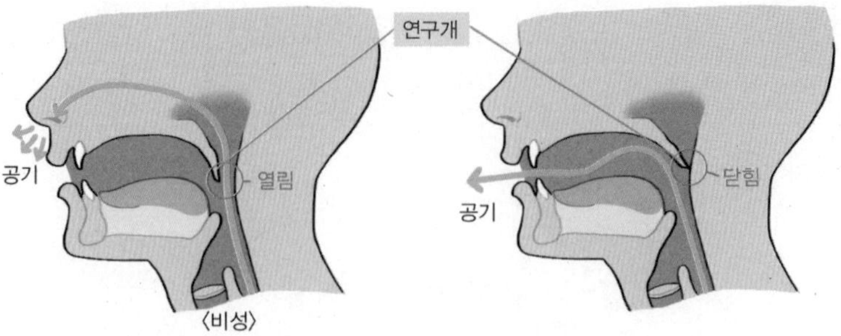

〈비성〉

• 소리는 공기로 만들어진다. 공기가 나가는 방향과 소리가 나가는 방향은 거의 비슷하다. 코로 공기를 내보내면 소리도 공기가 나가는 코로 나간다.

| 그림 51 |

첫째, 비성이 심한 분들은 호흡을 입으로 뱉지 못하고 코로 뱉는 습관 때문입니다. 입술을 붙이고 코로 숨을 세게 뱉어보죠. 똑같이 코로 숨을 뱉으면서 '흥' 하고 소리 내보겠습니다. 이제는 다르게 해볼까요? 입으로 '후~' 하면서 공기를 뱉어봅시다. 그리고 똑같이 입으로 공기를 뱉으면서 '후~' 소리를 내보죠. 어떤가요?

아마 코로 숨을 뱉으면서 '흥' 소리를 내면 코가 많이 울리면서 비성이 날 겁니다. 반대로 입으로 '후~' 하고 공기를 뱉은 후, 바로 '후~' 소리를 이어서 내면 소리가 입으로 집중될 텐데요. 이처럼 공기가 코로 많이 빠져나가는 것이 비성 발생의 가장 대표적인 원인입니다. 그래서 공기를 입으로 집중시켜 뱉는 연습이 기본이 되어야 하죠.

입으로 공기를 집중시켜 뱉는 연습을 하다 보면, 입 가장 안쪽 천장의 코와 입이 연결된 부위가 막히는 느낌이 드는데요. 코와 입이 연결된 공간을 막았다 떨어뜨렸다 하는 기능은 목구멍 부근의 입천장인 '연구개'에 있습니다. 연구개를 들어서 코와 입 사이의 공간을 막아주면, 공기가 코로 올라가지 못하기 때문에 소리도 자연스럽게 입으로 나오게 됩니다.

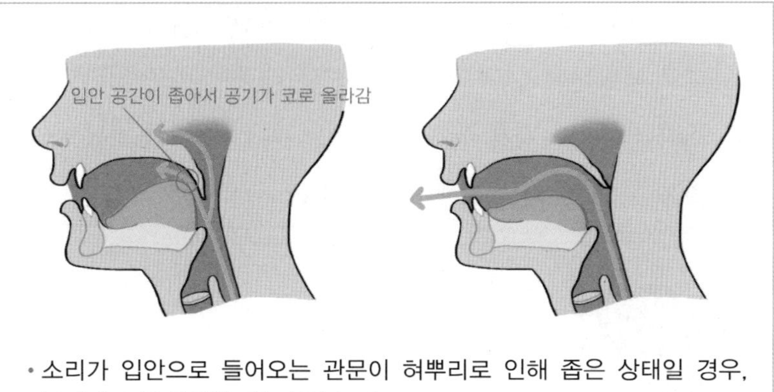

• 소리가 입안으로 들어오는 관문이 혀뿌리로 인해 좁은 상태일 경우, 공기가 코로 올라갈 가능성이 높다.

| 그림 52 |

둘째, 모음 발음 시 혀뿌리를 드는 습관 때문입니다. 앞서 혀뿌리소리 '연구개음'에서 같이 알아봤듯이 'ㄱ' 계통의 음은 혀뿌리를 들어 목구멍을 막았다가 떼면서 소리 내는 자음인데요. 즉, 'ㄱ, ㅋ, ㄲ'과 받침 'ㅇ'을 발음할 때만 혀뿌리가 위로 들려 있어야 하는 것이죠.

그런데 문제는 비성을 쓰는 사람들은 모음을 발음할 때, 이 혀뿌리를 살짝이라도 들어버립니다. 혀뿌리를 들면 공기와 소리가 입으로 나가는 틈이 좁아지겠죠? 공기와 소리는 압력에 의해서 밀려나오는데, 공간은 좁고 압력은 세서 공기와 소리가 코로 올라갈 확률이 높아집니다.

발성 파트에서 혀뿌리를 내려야 입안의 울림이 커지고 좋은 소리가 난다고 배웠는데요. 우리가 익힌 모든 내용이 바로 입안으로 공기와 소리를 집중시키기 위한 것이었습니다. 혀뿌리소리를 제외하고 모음을 소리 낼 때는 혀뿌리를 들지 않아야겠죠?

학생들과 **항강공원**에서 **생생**한 **생**태교육을 진행하고 싶습니다.

• ‘ㅇ’ 받침이 연속으로 나오거나 ‘ㅇ’과 ‘ㄴ’이 연속으로 나올 경우, 비성이 심해진다.

| 그림 53 |

셋째, 모음을 밀어내지 않고 받침 ‘ㅇ’을 소리 내는 습관 때문입니다. 비성이 가장 두드러지게 들리는 때는 ‘ㅇ’ 받침이 연속으로 나오는 경우입니다. 예를 들어, ‘항공등유’처럼 ‘ㅇ’ 받침이 연속으로 세 번 나올 경우, 비성을 내는 분들의 코 울림이 엄청 크게 들리는데요.

'ㅇ' 받침은 앞서 배운 것처럼 혀뿌리가 살짝 들리는데 'ㅇ'이 연속으로 나오는 만큼 혀뿌리가 계속해서 들려 있을 가능성이 큽니다. 그 결과 모음이 입 밖으로 나올 공간이 좁아져 계속해서 웅웅거리는 소리가 되는 것이죠. 그래서 모음은 밀고 혀뿌리를 살짝 들어서 'ㅇ' 받침을 소리 내는 연습이 필요합니다.

비성인 수험생을 위한 연습 방법

비성은 '입으로 공기 뱉기, 혀뿌리 내리기, 모음 밀어내기' 딱 세 가지만 기억하면 됩니다.

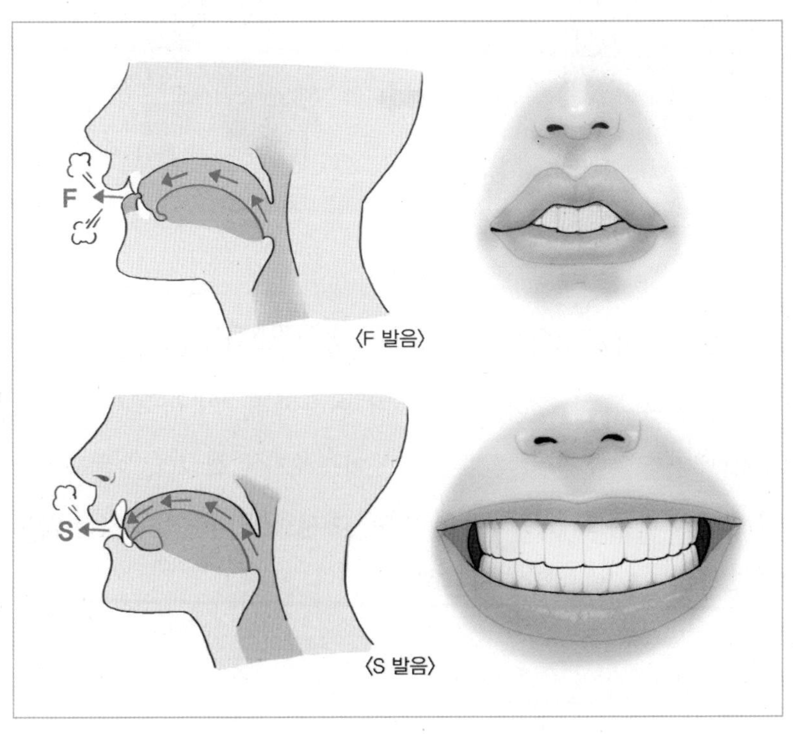

| 그림 13-1, 13-2 |

먼저, 입으로 공기 뱉기 훈련입니다. 입으로 공기를 뱉어 내야 소리도 같이 입으로 나오는데요. 코의 울림을 최소화하기 위해 알파벳 'F'와 'S'를 활용해 숨을 뱉어 내는 것이 필수죠. 'F'와 'S'로 공기를 균일하게 밀어내다 보면, 입 가장 안쪽 천장에 있는 연구개가 닫혀 있는 것을 느낄 수 있는데요. 이 느낌을 그대로 살릴 수 있도록 해야 합니다.

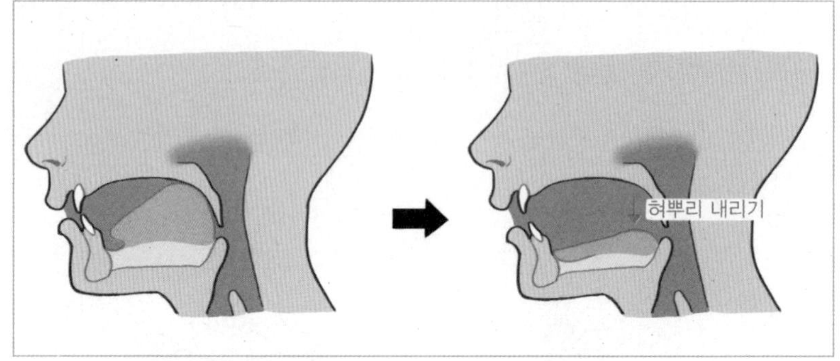

| 그림 24 |

다음은 공기가 입안으로 많이 유입될 수 있게 입안의 모양을 갖추어야 합니다. 바로 혀뿌리 내리기 연습이죠. '거' 소리를 반복적으로 내면서 혀뿌리를 내리는 것이 익숙해져야 합니다. '어' 모음만이 아니라 다른 모음을 발음할 때도, 혹시 혀뿌리가 들리지는 않는지 집중하면서 연습해야 하는데요.

움직임이 크면 클수록 혀뿌리 내리기가 더 쉬우니 혀뿌리를 드는 'ㄱ, ㅋ, ㄲ' 등의 연구개음에 모음을 결합해서 연습하면 좋습니다. '거'를 시작으로 '고', '개' 등 다양한 모음을 결합해서 연습하세요. 그리고 답변의 마지막 서술어 처리 시 '다'에서 비성이 나오는 경우가 많으니 '아' 모음도 꾸준히 연습해야 합니다.

마지막은 모음 내고 받침을 내는 연습입니다. 한글은 받침이 있다면 초성, 중성, 종성까지 총 3가지 부분으로 나눌 수 있는데요. 초성은 대부분 잘하니 넘어가고, 중성인 모음을 밀고 마지막 종성인 받침을 붙이는 방향으로 연습해야 합니다. 앞서 알아본 것처럼 'ㅇ' 받침에서 비성이 심하게 들리니 'ㅇ' 받침을 붙여서 연습하면 좋은데요.

예를 들어, '정'이라는 글자는 '정'으로 바로 소리 내는 것이 아니라 '거엉'과 같이 '어' 모음을 밀고 마지막에 혀뿌리를 살짝 들어서 받침을 붙여주는 과정으로 연습해야 하죠. 'ㅇ' 받침 이외에도 코를 울려서 소리 내는 비음 'ㄴ, ㄹ, ㅁ' 받침을 같이 연습하면 좋습니다. 다음의 연습표를 활용해 주세요.

겅	공	궁	강	긍	깅	겡	갱
넝	농	눙	낭	능	닝	넹	냉
덩	동	둥	당	등	딩	뎅	댕
렁	롱	룽	랑	릉	링	렝	랭
멍	몽	뭉	망	믕	밍	멩	맹
벙	봉	붕	방	븡	빙	벵	뱅
성	송	숭	상	승	싱	셍	생
엉	옹	웅	앙	응	잉	엥	앵
정	종	중	장	증	징	젱	쟁
청	총	충	창	층	칭	쳉	챙
컹	콩	쿵	캉	큥	킹	켕	캥
텅	통	퉁	탕	틍	팅	텡	탱
펑	퐁	풍	팡	픙	핑	펭	팽
헝	홍	훙	항	흥	힝	헹	행

Tip '거엉, 너엉, 더엉, 러엉'의 형식으로 혀뿌리를 내리고 모음을 민 다음 'ㅇ' 받침을 붙여 연습해 보세요.

③ 경상도 사투리

"초성 'ㅇ'을 아래로 누르고 리듬을 거꾸로 타자."

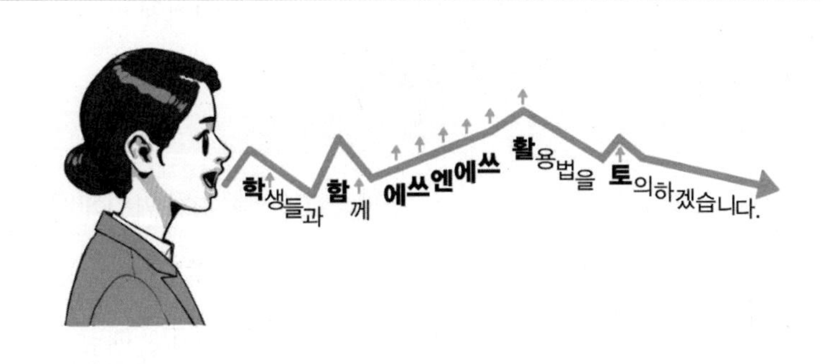

• 위아래로 음의 꿀렁거림이 많고, 강한 악센트를 주는 경상도 사투리

| 그림 54 |

목소리는 한 사람에 대해서 아주 많은 것을 표현해 줍니다. 교육 환경은 어땠는지, 성격은 어떨 것 같은지 등 다양한데요. 그런데 목소리로 확인할 수 있는 대부분의 단서는 단순 추측만 가능케 할 뿐 확실한 정보를 주지는 않습니다.

하지만 유독 한 가지 정보만은 분명히 보여주는 목소리 표현이 있죠? 바로 '사투리'인데요. 사투리는 정감이 가는 지역 고유의 어투이므로 스스로 필요성을 느끼지 않는다면 굳이 교정할 필요는 없습니다. 또 사투리 사용 여부가 임용 시험 최종 합격에 큰 영향을 미치지는 않죠.

다만, 수업실연이나 면접 등의 퍼블릭 스피치 상황이나 지원 지역에 따라 사투리 교정을 한 번쯤 고려해 볼 필요는 있습니다. 경상권 출신 수험생이 부산·대구·울산·경남·경북 등 같은 경상권으로 지원한다면 상관없지만, 서울·경기 등의 지역에 지원한다면 더더욱 교정을 생각해보는 게 좋겠죠.

경상도 사투리는 특유의 강한 악센트로 인해 평가위원에게 부드러운 인상을 심어주기 어렵습니다. 더욱이 경상도 사투리는 몇몇 모음 발음을 구분하지 않아 의미가 왜곡되기도 하고, 해당 지역에서만 사용하는 고유 용어 사용으로 아예 의미 전달이 되지 않는 경우도 생기는데요.

실제 2019년 임용 모의 면접 때, "다문화 학생을 같이 낑가서 모둠 활동을 해야 합니다."라고 답변한 지원자가 있었습니다. 저는 경상도 출신이라 이해했지만, 만약 서울에서 나고 자란 평가위원이었다면 전혀 이해하지 못할 문장이었죠.

경상도 사투리의 특징

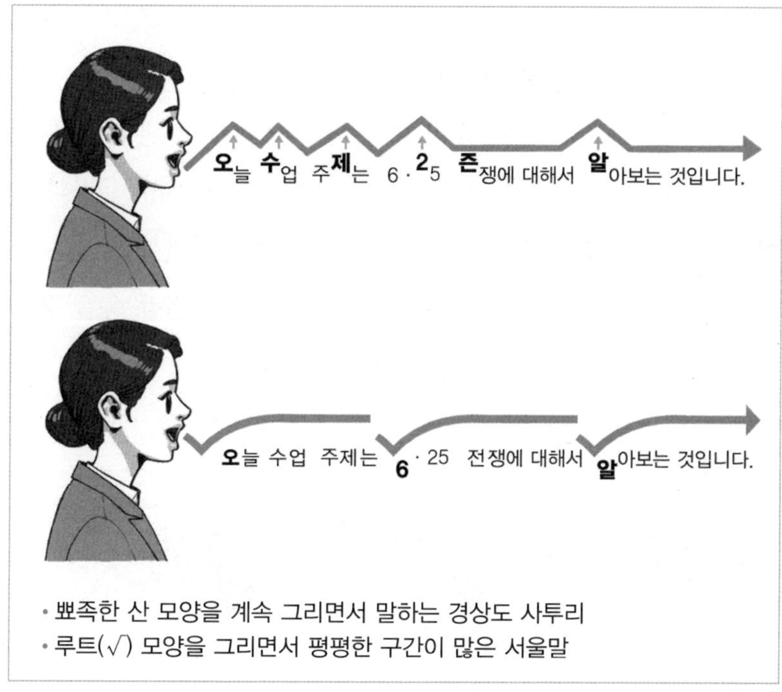

| 그림 55 |

첫째, 모음과 'ㅇ' 음의 악센트입니다. 앞서 배웠듯이 모음은 악센트 없이 소리 내는 것이 기본입니다. 서울·경기권 사람도 말할 때 악센트를 주기는 하는데요. 대체로 동음이의어를 구분하기 위한 용도로 악센트를 주죠. 예를 들어, 알파벳 'O'와 숫자 '5'는 둘 다 '오'라고 소리 내지만, 알파벳 'O'는 '오!'라고 악센트를 주고 숫자 '5'는 악센트를 주지 않죠. 하지만 경상도 사람들은 'ㅇ'으로 시작하는 거의 모든 글자에 힘을 줍니다. '오!늘', '엄!마'처럼요.

둘째, 억양 변화입니다. 경상도 사투리는 'ㅇ'과 특정할 수 없는 부분에 모두 악센트를 주다 보니, 음이 힘 있게 올라갔다 내려갔다를 반복하는 경우가 많은데요. 이를 흔히 '억양'이라고 부르죠. 포물선을 그린 후, 평평하게 소리 내야 하는 구간에서 음이 급격하게 움직이므로, 안정감이 깨지는 특성이 있습니다. 또 서너 글자의 단어나 띄어쓰기 단위에서도 뾰족한 산 모양을 그리면서 억양을 타는데요. 예를 들어, '피라미드'는 피에서 미까지는 점점 음을 올리고 마지막에 음을 내리면서 산 모양의 리듬을 그리게 됩니다.

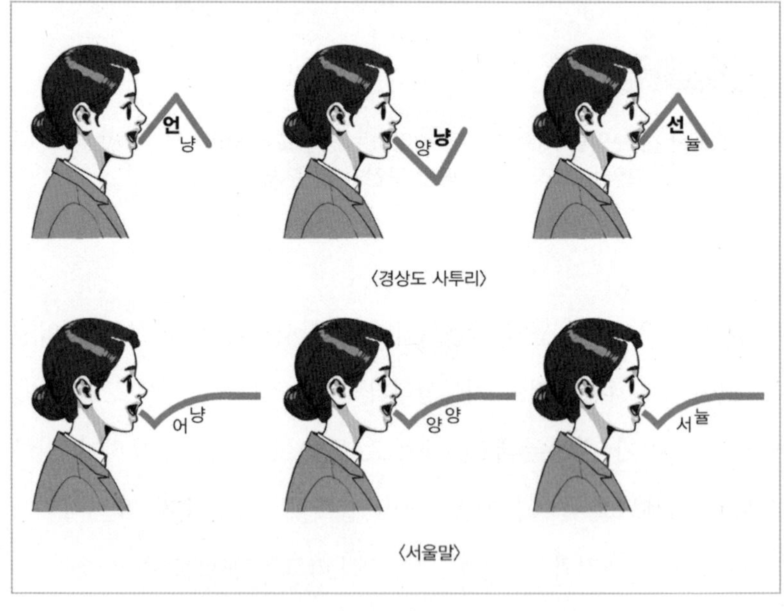

| 그림 55 |

셋째, 음의 분절과 'ㄴ' 첨가입니다. 서울말은 의미 단위별로 자연스럽게 '연음'을 해 소리 내는 것이 특징인데요. 경상도 사투리는 '연음'을 하지 않는 경우가 많습니다. 예를 들어, '언양 불고기'를 발음할 때 서울에서는 [어냥 불고기]로 연음을 해서 소리 내죠? 하지만 경상도에서는 '언'과 '양' 한 글자씩 분절시켜서 정확하게 발음해, 즉 연이어서 소리 내지 않아서 [언냥 불고기]로 발음합니다. '언'을 분절시켜 발음하다 보니, 혀끝이 윗니 뒤에 붙어 있어서 자연스럽게 '양'을 발음할 때는 '냥'으로 소리가 나죠. '양양'의 경우도 [양양]으로 발음하지 않고 'ㄴ'을 첨가해서 [양냥]처럼 발음합니다.

넷째, 모음을 잘 구별하지 않고 발음합니다. 사실 서울·경기권 사람도 모음을 제대로 구분해 발음하지는 않지만, 경상도에서는 특히 '어, 으, 우, 오' 네 모음을 거의 구별하지 않고 발음하는 특징이 있는데요. 그중 '어'와 '으'는 거의 구분하지 않습니다. '엄마'의 '어' 모음을 발음할 때 턱을 내리지 않고 소리 내서 [음마]처럼 발음하고요. "약속 장소가 거기야?"의 문장은 [약쏙 짱소가 그기가?]라고 말하죠. 또한, 이중모음 '야'도 '으'와 비슷하게 발음하면서 표기 자체가 불가능한 발음을 구사하는 경우가 많습니다.

이외에도 명사나 표현의 차이, 평서문은 '다'와 '데이', 명령문은 '라', 의문문은 '가', '나', '고', '노' 등 서술어를 정말 다양하게 사용하는 것도 경상도 사투리의 특징입니다. 문장을 보고 읽는 것이 아니라 머릿속에 있는 내용을 자신이 익숙한 표현방식으로 전달해야 하는 면접과 수업실연의 특성상, 당황하거나 긴장될 때 이러한 표현이 더 잘 나올 수 있겠죠.

Tip 경상도 사투리 서술어 처리 변화

서울말	경상도 사투리 서술어	경상도 사투리
지금 서울 엄청 추워.	평서문 '다'	지금 서울 음층 춥다.
저 집 진짜 맛있어.		즈 집 진짜 맛있다.
공부 좀 열심히 해.	명령문 '라'	공부 좀 열심히 해라.
목소리 크게 내.		목소리 크게 내라.
영모가 합격한 거야?	의문문 '가'	영모 합격한 기가?
밥은 먹고 면접장 갔어?	의문문 '나'	밥은 묵고 면접장 갔나?
2차 발표가 언제야?	의문문 '고'	2차 발표가 언제고?
누가 합격할 것 같아?	의문문 '노'	누가 합격할 것 같노?
이거 되게 중요해.	평서문 변형 '데이'	이게 되게 중요하데이.
목소리 표현에 집중해!	명령문 변형 '레이'	목소리 표현에 집중해레이!
영모 합격했지?	'지?'의 변형 '제?'	영모 합격했제?

서울·경기에 지원하는 경상도 출신 수험생을 위한 연습 방법

단시간에 경상도 사투리를 교정하는 것은 매우 힘듭니다. 그래도 최대한 거친 느낌이 들지 않도록 완화하기에는 짧은 시간도 충분한데요. 다음의 주요 훈련법들을 부단히 연습해야 합니다.

첫째, 모음 훈련입니다. 경상도 사투리를 교정하기 위해서는 크게 세 영역으로 나눠서 모음 훈련을 해야 하는데요. ① 정확한 모음 입 모양, ② 의미 단위별 모음 이어 내기, ③ 악센트 빼기입니다.

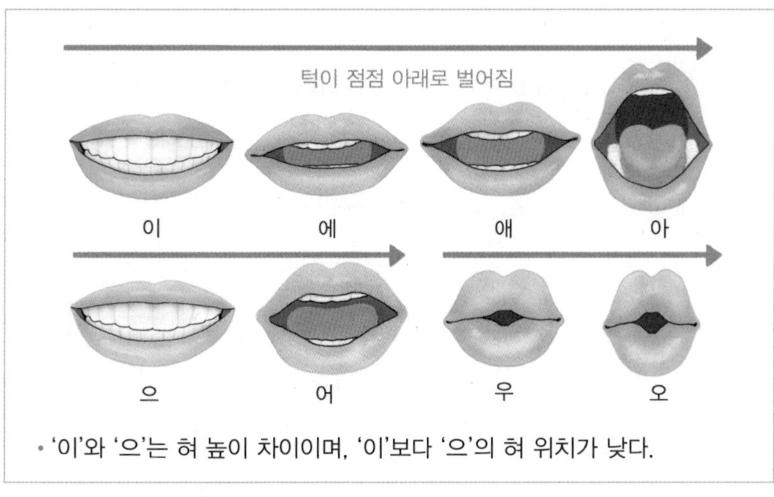

| 그림 19 |

우선 '① 정확한 입 모양 훈련'인데요. '③ 악센트'는 평가위원이 지원자가 경상도 출신임을 직감하는 요소로 작용하는 것에 그치지만, ①은 의미를 전혀 다르게 전달할 우려가 있습니다. 하지만 걱정하지 마세요. 조금만 연습해도 생각보다 빠르게 교정할 수 있으니까요.

모음을 발음할 때는 모음마다 정확한 입 모양과 혀의 위치가 다릅니다. 원순모음 '우'를 발음할 때, 입술을 가운데로 모아주지 않으면 '으'처럼 들릴 확률이 높습니다. 또 '어'를 발음할 때, 턱을 내려주지 않으면 역시 '으'처럼 들릴 확률이 높죠. 경상도 사투리는 '으, 어, 우, 오' 외의 모음도 구별하지 않고 모호하게 발음하는 경우가 많아서, 자신이 생각한 내용을 명확하게 전달하고 싶다면 입 모양 잡기가 우선입니다.

다음은 '② 의미 단위별 모음 이어 내기 훈련'입니다. 일반적으로 한 문장은 적게는 1개에서 많게는 3개 이상의 의미 단위로 나뉘는데요. 여기서 유의해야 할 점이 있습니다. 하나의 의미 단위를 소리 낼 때, 모음은 달라지더라도 소리는 균일하게 내는 것이 매우 중요한데요. 다시 말해, 입 모양과 혀의 위치가 변하더라도 소리를 억지로 끊거나 힘을 주지는 말라는 의미입니다. 경상도 사투리는 하나의 의미 단위 안에서 모음의 종류를 바꾸는 것뿐만 아니라 목에 힘을 주었다 뺐다 하면서 소리 자체도 계속해서 바꾸는데요.

예를 하나 들어보겠습니다. 기계에 밀가루 반죽을 넣어서 국수 면발을 뽑을 때를 생각해 보죠. 밀가루 반죽은 틀 쪽으로 계속 밀려 나가지만 틀의 모양에 따라 굵은 면이 나오기도 얇은 면이 나오기도 하죠? 소리 낼 때도 마찬가지입니다. 입술이 틀이고 밀가루 반죽은 소리라고 생각하면 되는데요. 목구멍을 통과해서 밀려나오는 소리(밀가루 반죽)는 계속 일정하게 나오지만, 입 모양(틀)에 따

라 서로 다른 모음 소리가 발음되는 원리입니다. '아, 이, 우, 에, 오'를 소리 낸다고 했을 때, '아! 이! 우! 에! 오!'처럼 개별 모음을 끊어서 목에 힘을 주며 소리 내지 말고 '아–이–우–에–오–'처럼 입 모양만 바꿔서 소리 내주세요.

마지막은 '③ 악센트 빼기'입니다. 악센트는 목에 과도하게 힘을 주어서 소리가 위로 강하게 뻗어 나가는 특징이 있습니다. 그러므로 목에 힘을 주지 않고 소리 내는 것이 핵심이죠. 하지만 모음 발음 시, 목에 힘을 바짝 주는 습관이 이미 굳어진 경상도 사람에게 목에 힘을 빼고 소리 내는 것이 쉬운 일은 아닙니다. 그래서 힘을 주지 않으려는 것보다는, 힘을 주더라도 소리의 방향을 반대로 하면 효과적으로 경상도 사투리의 느낌을 지울 수 있죠.

'ㅇ'으로 시작하는 단어가 있다면 첫 글자를 힘주어 위로 올리는 것이 아니라, 앞서 배운 강함강조를 하듯 아래로 쿵 누르면서 소리 내는 연습을 하는 것입니다. "오늘은 일차방정식을 배워보겠습니다."라는 문장이 있다면 '오'와 '일'을 '오!', '일!'처럼 위로 힘주어 악센트를 주는 것이 아니라 '오↓', '일↓' 이렇게 강함강조를 하듯이 소리의 방향을 아래로 누르면서 소리 내 주세요.

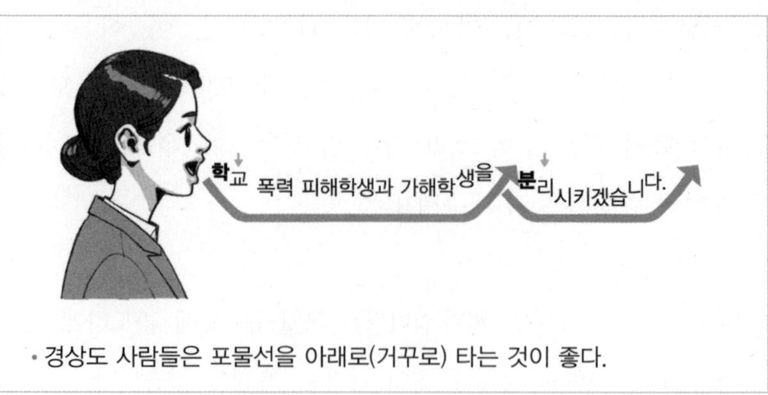

• 경상도 사람들은 포물선을 아래로(거꾸로) 타는 것이 좋다.

| 그림 57 |

둘째, 포물선 거꾸로 타기 훈련입니다. 앞서 말씀드린 악센트 빼기와 연장선에 있는 훈련인데요. 모든 글자는 앞으로 포물선을 그리면서 내는 것이 좋습니다. 하지만 경상도 사투리를 쓰는 사람들이 포물선을 그리면, 답변 중간중간 여전히 목에 힘을 주어 악센트가 들어갈 확률이 높아지죠. 그래서 '평조'를 바탕으로 평평하게 소리 내는 훈련을 많이 하지만 시간이 매우 오래 걸리고 쉬이 익혀지지도 않습니다. 또 마치 AI가 말하듯 굉장히 딱딱하고 어색하게 소리 내는 경우도 많이 보았어요.

그렇기 때문에 일반적인 포물선이 아니라 거꾸로 된 포물선을 그리면서 연습해야 합니다. 첫 글자를 아래로 힘 있게 '강함강조'로 누르면서 쭉 가다가 의미 단위의 끝 음을 '상승조'로 아주 살짝 올리는 패턴인데요. 거꾸로 포물선을 타면 목에 힘을 주어 억양이 위로 튀는 현상을 많이 방지할 수 있습니다.

또, 여기저기서 서울말은 끝 음만 올리면 된다는 말 많이 들어보셨죠? 사실 억양을 빼고 모음만 정확히 잘한다고 사투리의 느낌이 없어지는 것은 아닙니다. 경상도 사투리는 말끝을 살짝 내려서 마무리하는 특징도 있는데요. 포물선 거꾸로 타기 훈련을 하면 끝 음이 자연스럽게 살짝 올라가기 때문에 사투리 억양이 상당히 개선됩니다.

이외에도 'ㅇ'에 악센트를 많이 주어 발생하는 음의 분절현상을 없애기 위해서 받침 + 'ㅇ' 초성의 연음 연습도 꾸준히 하고, 불필요한 'ㄴ' 첨가도 하지 않도록 자주 연습하면 좋습니다.